Markus Schäffter

Verfahrensverzeichnis 2.0

Datenschutzdokumentation konform zur
EU-Datenschutzgrundverordnung gestalten

Erstausgabe Juni 2016

ISBN 978-1533641243

Danksagung

Das vorliegende Büchlein ist das Ergebnis eines dynamischen Arbeitsprozesses, der sich über viele Monate hinzog.

Herzlichen Dank an alle geduldigen Zuhörer und Reviewer, die mit Geduld und Aufmerksamkeit zur Verbesserung von Form und Inhalt maßgeblich beigetragen haben.

Insbesondere danke ich den Teilnehmern der WEKA-Workshops in Hamburg und Stuttgart, Torsten Lanwehr und Philipp Kramer!

Über den Autor:

Markus Schäffter ist Professor für Datenschutz und Informationssicherheit an der Hochschule Ulm.

Nach abgeschlossenem Mathematikstudium und anschließender Promotion in Diskreter Algorithmischer Mathematik an der Technischen Universität Berlin arbeitete er als jahrelang als Spezialist für IT- und Internetsicherheit in verschiedenen Branchen und Städten, zuletzt als Unternehmensberater in München, bevor er den Ruf an die Hochschule Ulm annahm.

Sein Spezialgebiet ist der Technische Datenschutz, insbesondere das Risikomanagement und die Datenschutz-Folgeabschätzung im Sinne der Vorabkontrolle.

Inhaltsverzeichnis

Vorwort

Dieses Buch wendet sich an Datenschutzexperten und solche, die es werden wollen. Der beschriebene Lösungsansatz zu einer effektiven und zugleich effizienten EU-konformen Datenschutzdokumentation eignet sich sowohl zur Erweiterung bestehender Verzeichnisse nach BDSG oder LDSG, als auch zur Neugestaltung „auf der grünen Wiese".

Mit der EU-Datenschutzgrundverordnung (DSGVO) werden erstmals EU-weit einheitliche Standards zum gesetzeskonformen Umgang mit personenbezogenen Daten geschaffen. Auf den ersten Blick sind diese Anforderungen sehr umfangreich und die Strafen bereits für vergleichsweise geringfügige Verstöße erscheinen unverhältnismäßig hoch.

Berücksichtigt man jedoch das traditionell hohe Datenschutzniveau in Deutschland, so reduziert sich der Mehraufwand doch erheblich – zumindest dort, wo die bestehende Dokumentationspflicht bereits erfüllt wird.

Insofern überwiegen die Vorteile für die betrieblichen und behördlichen Datenschutzbeauftragten in Deutschland, ergibt sich doch durch das neue EU-Recht eine stärkere strategische Bedeutung des Datenschutzes in den verantwortlichen Stellen.

Auch die erweiterte Dokumentationspflicht ist zu begrüßen, denn im Technischen Datenschutz schließt der explizit risikoorientierte Ansatz der EU-Datenschutzgrundverordnung die Lücke zwischen Datenschutz und Informationssicherheit. Bestehende IT-Sicherheitskonzepte können somit nahtlos in die Datenschutzdokumentation integriert werden.

Damit kommt der Datenschutz im Zeitalter von Web 2.0 und Industrie 4.0 an und enthält nun Best Practices wie Privacy by Design, Privacy by Default und das Recht auf Vergessenwerden.

Das vorliegende Büchlein fokussiert auf den Aspekt der rechtskonformen Datenschutzdokumentation und zeigt einen konstruktiven Weg auf, wie die bestehende Datenschutz-dokumentation auf möglichst einfache Art hinsichtlich der neuen Anforderungen angepasst werden kann, hin zu einem, überspitzt formuliert, „*Verfahrensverzeichnis 2.0*".

Der erste Teil umfasst eine Zusammenfassung der wesentlichen rechtlichen Anforderungen an die Datenschutzdokumentation, basierend auf Inhalten von Dr. Philipp Kramer aus Hamburg. Herzlichen Dank dafür, Philipp!

Der zweite Teil zeigt einen vielleicht etwas zu pragmatischen und minimalistischen - dafür sehr effizienten - Weg auf, die gesetzlichen Standards zu erfüllen. Dem geneigten Anwender steht es daher frei, über die beschriebenen Mindeststandards hinauszugehen und - bei entsprechendem Vorwissen – unter anderem Anregungen aus ITIL und ISO 27000 aufzugreifen.

Bei dem Buch handelt es sich um ein „living document", Anregungen sind willkommen, Updates sind in unregelmäßigen Abständen vorgesehen.

Viel Spaß mit dem vorliegenden Werk

Ihr Markus Schäffter

1 Datenschutz in Zeiten des Internet der Dinge

Der Datenschutz in Deutschland und Europa ist steten im Wandel begriffen. Es ist letztlich erforderlich, dass sich der Schutz personenbezogener Daten parallel mit der technischen Entwicklung weiterentwickelt und Neuerungen wie das Web 2.0, das Internet der Dinge und die vernetzte Produktion (Industrie 4.0) berücksichtigt.

1.1 Datenschutz in Deutschland und in Europa

Dabei hinkt der Datenschutz von Anfang an hinter der technischen Entwicklung hinterher. Zwar wurden die ersten Datenschutzgesetze in Deutschland vergleichsweise früh verabschiedet; das Hessische Datenschutzgesetz von 1970 gilt als erstes Datenschutzgesetz der Welt [Hessen 2009].

Danach folgten weitere Bundesländer, Schlusslicht vor der Wiedervereinigung war Hamburg im Jahr 1981. Die erste Fassung des Bundesdatenschutzgesetzes aus dem Jahr 1977 überstand die Nagelprobe der Volkszählung im Jahr 1983 nicht.

Das Bundesverfassungsgericht leitete am 15. Dezember 1983 mit seinem Volkszählungsurteil das *Recht auf informationelle Selbstbestimmung* aus dem im Grundgesetz verankerten Rechten auf freie Entfaltung der Persönlichkeit (Artikel 2 Absatz 1 Grundgesetz) und der Unantastbarkeit der Menschenwürde (Artikel 1 Absatz 1 Grundgesetz) ab.

Die nächste größere Überarbeitung erfolgte im Jahr 1995 mit der Anpassung an die EU-Richtlinie 95/46/EG zum Schutz natürlicher Personen bei der Verarbeitung personenbezogener Daten und zum freien Datenverkehr (EU-Datenschutzrichtlinie). Die Überarbeitung dauerte bis zum Jahr 2001; die Bundesrepublik verfehlte damit die Einhaltung der Dreijahrespflicht zur Umsetzung europäischer Richtlinien in nationales Recht, was ein

Vertragsverletzungsverfahren nach sich zog. Dies ist nicht außergewöhnlich, im Jahr 2014 waren über 70 Verfahren gegen die Bundesrepublik Deutschland anhängig [BMWi 2015-03].

Bereits zwei Monate nach Inkrafttreten rügte die EU-Kommission Fehler in der Umsetzung der EU-Richtlinie; es wurde ein zweites Vertragsverletzungsverfahren eingeleitet, in dessen Verlauf der Europäische Gerichtshof (EuGH) im März 2010 bestätigte, dass es in der Bundesrepublik an einer unabhängigen Datenschutzaufsicht fehle. Stolperstein war die Tatsache, dass einige Bundesländer die Innenministerien mit der Datenschutzaufsicht betraut hatten.

Im Jahr 2008 formulierte das Bundesverfassungsgericht im Zusammenhang mit dem so genannten *Bundestrojaner*, einem im öffentlichen Auftrag erstelltes Programm, welches staatlichen Stellen den Zugriff auf private Computer ohne Mitwissen des jeweiligen Besitzers ermöglicht, das *Recht auf elektronische Privatsphäre*.

1.2 Deutsches Datenschutzrecht in Europa

Letztlich führten die Novellierungen des Bundesdatenschutzgesetzes zu einem in der Europäischen Gemeinschaft vergleichsweise strikten und stringenten Datenschutzrecht.

Die technische Entwicklung des World Wide Web zwang die Europäische Gemeinschaft letztlich dazu, die bestehende Datenschutzrichtlinie prinzipiell zu überdenken und Datenschutz restriktiver zu definieren. Vergleiche hierzu auch [Albrecht 2015].

Zwar postulierte die EU-Datenschutzrichtlinie von der Idee her ein einheitliches Datenschutzniveau im Europäischen Wirtschaftraum, in der Praxis jedoch kam es zu erheblichen Unterschieden. In Zeiten des Internets verzerren allzu große Diskrepanzen den internationalen Wettbewerb.

Exemplarisch sei hier die Kontroverse des damaligen Datenschutzbeauftragten von Schleswig-Holstein, Thilo Weichert, gegen das Unternehmen Facebook genannt und den Beschwerden von *Maximilian Schrems* gegen die Datenübermittlung innerhalb des Facebook Unternehmensverbundes, welche letztlich im Oktober 2015 zur Negierung des Safe Harbor Abkommens durch den Europäischen Gerichtshof führte.

Die *Europäische Datenschutzgrundverordnung* (EU-DSGVO) ist nicht zuletzt auch eine Reaktion Europas die den durch *Edward Snowden* aufgedeckte systematische Erfassung personenbezogener Daten durch die NSA.

Die neue Grundverordnung beendet die unterschiedlichen Interpretationen der EU-Datenschutzrichtlinie durch die einzelnen Europäischen Nationalstaaten und sorgt für ein einheitliches Datenschutzrecht im Europäischen Wirtschaftsraum.

Zentrale Eckpunkte der EU-Datenschutzgrundverordnung ergeben sich aus der zunehmenden Vernetzung der digitalen Welt und der Möglichkeit, Dienste aus einem Land heraus weltweit anbieten und Daten mit geringem technischen Aufwand über Ländergrenzen transportieren zu können.

1.3 Neue Anforderungen der EU-DSGVO

Ist also die EU-Datenschutzgrundverordnung der lange ersehnte „große Wurf" im Europäischen Datenschutz, das Einläuten einer Zeitenwende? Für die Bundesrepublik Deutschland gilt dies sicherlich nicht, denn bereits ein erster kursorischer Vergleich der Rechtslage in Deutschland von 2015 mit den Anforderungen, die sich nach der zweijährigen Übergangszeit aus der Datenschutzgrundverordnung ergeben, zeigt Erstaunliches auf.

Tatsächlich sind die wesentlichen Eckpfeiler der Datenschutzgrundverordnung bereits seit spätestens 2001 im Bundesdatenschutzgesetz verankert; als neu bzw. erweitert anzusehen sind lediglich wenige Punkte, vgl. [Albrecht 2013], [Albrecht 2015] und [Impact 2013, Section 2].

Die wichtigsten *Eckpfeiler der EU-Datenschutzgrundverordnung* sind:

1. *Lizenzierungsprinzip und Zweckbindung*
   Am Lizenzierungsprinzip und an der Zweckbindung der EU-Datenschutzrichtlinie wird festgehalten.

2. *Datenschutzkonforme Technikgestaltung* (Data Protection by Design und by Default)
   Datenverarbeiter haben durch angemessene Schutzmaßnahmen dafür zu sorgen, dass personenbezogene Daten nur im zur Zweckerfüllung erforderlichen Umfang und Dauer erhoben, gespeichert und verarbeitet werden. Eine Weitergabe an eine Unbestimmte Anzahl an Personen darf nur unter Mitwirken des Betroffenen erfolgen.

3. *Recht auf Vergessen(werden)*
   Recht auf eine Löschung persönlicher Daten, sofern die Rechtmäßigkeit erlischt.

4. *Rechte auf Datenportabilität und Datenzugriff*
   Datenverarbeiter sind aufgefordert, kompatible Datenformate zum Austausch von personenbezogenen Daten zu verwenden und den Betroffenen einen automatisierten Abruf ihre eigenen Daten zu ermöglichen.

5. *Harte Sanktionen bei Verstößen*
   Verstöße gegen die Datenschutzgrundverordnung werden hart sanktioniert, um eine Umsetzung der datenschutzrechtlichen Anforderungen wirtschaftlich alternativlos zu machen.

6. *Einheitliche Rechtsdurchsetzung*
   Der Betroffene kann sich bei Beschwerden an die

Aufsichtsbehörden seines Landes wenden, unabhängig vom Gerichtsstand des Datenverarbeiters.

7. *Feste Ansprechpartner* in ganz Europa
Weltweit tätige Datenverarbeiter in der EU können sich die Datenschutzkonformität von den Aufsichtsbehörden im eigenen Land bestätigen lassen. (Anm. d. Autors: Die Umsetzung dieses begrüßenswerten Punktes bleibt abzuwarten.)

Die beschriebenen Eckpunkte machen es bereits deutlich: Ab 2016 ist Datenschutz in der EU als ein *ganzheitlicher Prozess* zu verstehen, der das betroffene Individuum bewusst in den Mittelpunkt stellt.

Der Schutz des Individuums gegenüber den Datenverarbeitern drückt sich in den Datenschutzprinzipien aus, welche der EU-DSGVO zugrunde liegen.

Die wichtigsten *Datenschutzprinzipien* seien hier, dem folgenden Abschnitt vorgreifend, kurz aufgeführt:

1. Rechtmäßigkeit, Notwendigkeit, Zweckbestimmung, Datenminimierung und Richtigkeit

2. Transparenz und Wahrung der Rechte der Betroffenen

3. Datenschutzkonformes Softwaredesign und restriktive Voreinstellungen, verbunden mit einer risikoorientierten Datensicherheit, Vorabkontrolle mit Datenschutz-Folgeabschätzung

4. Mehrstufige Kontrolle durch die verantwortliche Stelle, die Betroffenen und die Aufsichtsbehörden

Auf Grundlage dieser Datenschutzprinzipien gilt es, alle Geschäftsprozesse auf den Prüfstand zu stellen und die Interessen der verantwortlichen Stelle abzuwägen gegen den Schutzbedarf der betroffenen Personen. Dies bedeutet nicht das grundsätzliche

Ende von Web 2.0 und Big Data, wohl aber die konsequente Anwendung des Lizenzierungsprinzips.

Dieser Gedanke ist in Deutschland nicht neu. Mit der Novellierung des Gesetzes im Jahr wurde der Gedanke der Datensparsamkeit in das Gesetz aufgenommen, welches die massenhafte Erfassung personenbezogener Daten durch nicht-öffentliche Stellen eindämmen sollte. Behörden und andere öffentliche Stellen sind ohnehin durch Gesetze und Verordnungen in der Datenerfassung eingeschränkt, Unternehmen wurde diese über das Prinzip der Erforderlichkeit hinausgehende Selbstverpflichtung im Jahr 2001 mit dem Paragraphen 3a des BDSG ins Stammbuch geschrieben.

1.4 Die Vier Säulen des Datenschutzes in der EU

Wie das deutsche Bundesdatenschutzgesetz so folgt auch die EU-DSGVO einer Reihe von Prinzipien, die sich in einzelnen Artikeln manifestieren. Ähnlich den aus der Literatur bekannten „Sieben Säulen des Datenschutzes" gilt es, die wesentlichen Aussagen und Anforderungen der EU-DSGVO bildhaft herauszuarbeiten.

1.4.1 Das Vier-Säulen-Modell in der Übersicht

Die folgende Abbildung zeigt einen Vorschlag des Autors zu nunmehr vier Säulen des Datenschutzes gemäß EU-DSGVO.

Abbildung 1: Vier Säulen des Datenschutzes gemäß EU-DSGV (Autor)

1. Lizenzierungsprinzip, Zweckbindung und Richtigkeit

Das Lizenzierungsprinzip verlangt, die *Rechtmäßigkeit* und die *Notwendigkeit* der Datenverarbeitung zu begründen und damit zu legitimieren. Dabei werden nur diejenigen Datenkategorien legitimiert, welche zur Verarbeitung unabdingbar benötigt werden (*Datenminimierung)*.

Die *Zweckbestimmung* verhindert, dass diese Nutzung über Gebühr nachträglich erweitert wird und die Richtigkeit verlangt, dass Daten stets aktuell gehalten oder gelöscht werden.

Rechtmäßigkeit: Die Verarbeitung personenbezogener Daten ist nur dann rechtmäßig, wenn sie mindestens eine der sechs in der DSGVO genannten Bedingungen erfüllt, u.a. die wirksame Einwilligung des Betroffenen, Erfüllung eines Vertrags, Erfüllung eines Gesetzes, Schutz oder Wahrung lebenswichtiger Interessen des Betroffenen, Verarbeitung im öffentlichen Interesse.

Notwendigkeit und Datenminimierung: Die Verarbeitung und Nutzung personenbezogener Daten muss auf das für die Zwecke der Datenverarbeitung notwendige Mindestmaß beschränkt sein.

Zweckbindung: Personenbezogene Daten dürfen ausschließlich für genau festgelegte, eindeutige und rechtmäßige Zwecke erhoben werden; die Verarbeitung und Nutzung muss dem Zwecke angemessen und sachlich relevant sein; die Erfüllung des Zwecks ist anders als durch die Verarbeitung personenbezogener Daten nicht zu erreichen.

Richtigkeit: Die verantwortliche Stelle sorgt dafür, dass die zur Zweckerfüllung benötigten Daten auf den neuesten Stand gehalten oder gelöscht werden.

2. Transparenz und Rechte der Betroffenen

Transparenz: Die verantwortliche Stelle verfolgt im Umgang mit personenbezogenen Daten eine nachvollziehbare und für jedermann leicht zugängliche Strategie und stellt allen Betroffenen Person angemessene Informationen zur Verarbeitung der personenbezogenen Daten in verständlicher Form zur Verfügung.

Recht auf Information und Auskunft: Die Betroffenen haben jederzeit das Recht auf Information und Auskunft über Art und Umfang der Verarbeitung personenbezogener Daten über die jeweiligen personenbezogenen Daten.

Recht auf Widerspruch und Berichtigung: Die Betroffen haben jederzeit das Recht, gegen die Verarbeitung der eigenen personenbezogenen Daten Widerspruch einzulegen. Sofern die Richtigkeit der Daten nicht gegeben ist, besteht ein Recht auf Korrektur.

Recht auf Vergessen(werden) und auf Löschung („digitaler Radiergummi“): Recht auf eine Löschung persönlicher Daten, sofern diese für die Erfüllung des ursprünglichen Zwecks nicht mehr erforderlich sind oder die Verarbeitung alleine auf der datenschutzrechtlichen Einwilligung des Betroffenen beruht.

Recht auf Datenübertragbarkeit: Betroffene können die personenbezogenen Daten zu ihrer Person über eine standardisierte Schnittstelle abrufen und haben das Recht auf Übertragung der Daten von einer Anwendung auf eine andere.

3. Daten- und Systemsicherheit

   Diese Säule umfasst den datenschutzkonformen Entwurf der Datenverarbeitungsverfahren im Sinne eines *Datenschutzes by Design*, verbunden mit der Verpflichtung auf datenschutzkonforme Voreinstellungen (*Datenschutz by Default*).

   Die Daten- und Systemsicherheit ist durch eine *risikoorientierte Auswahl von* angemessenen und wirksamen *Schutzmaßnahmen* sicherzustellen.

   Gerade der Betrachtung von Eintrittswahrscheinlichkeit und Schadenspotenzial potenzieller Bedrohungen kommt bei der Dokumentation der umgesetzten Schutzmaßnahmen eine Schlüsselrolle zu. Ziel ist es, ein angemessenes Datenschutzniveau für alle Kontrollinstanzen (verantwortliche Stelle, Betroffene, Aufsichtsbehörden) plausibel zu machen.

   Verbleiben hohe Risiken für die Betroffenen, so ist in Folge eine *Datenschutz-Folgeabschätzung* durchzuführen; verbleiben auch danach noch hohe Risiken, so ist die zuständige Aufsichtsbehörde zu konsultieren.

   Alle aufgeführten Aspekte sind umfassend zu dokumentieren, u.a. in einem Verzeichnis der Verarbeitungstätigkeiten (*Dokumentation*).

4. Kontrolle und Meldepflicht

   Die verantwortliche Stelle und die durch ihn beauftragten Auftragnehmer arbeiten aktiv mit den zuständigen *Aufsichtsbehörden* zusammen. Dies schließt *Information und Zugang* ein; bei gravierenden Datenschutzverstößen auch die *aktive Meldepflicht*, zunächst gegenüber der Aufsichtsbehörde und in danach gegenüber den mutmaßlich Betroffenen.

Bei Unternehmen mit mehr als 250 Mitarbeitenden oder wenn die Verarbeitung personenbezogener Daten Hauptgeschäftszweck ist, muss ein *Datenschutzbeauftragter* tätig werden.

1.4.2 Das Vier-Säulen-Modell im Detail

Die im oberen Abschnitt aufgeführten Säulen basieren im Einzelnen auf einzelnen Datenschutzprinzipien, die sich direkt aus der EU-Datenschutzgrundverordnung ableiten lassen.

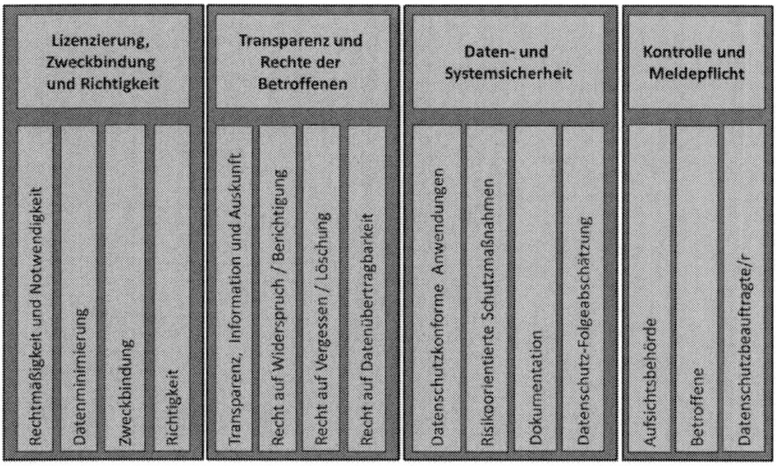

Abbildung 2: Vier-Säulen Modell mit Details (Autor)

1.4.3 Säule 1: Lizenzierung, Zweckbindung und Richtigkeit

Das Prinzip der Rechtmäßigkeit umfasst folgende Teilprinzipien:

Rechtmäßigkeit (Artikel 5 und 6)

Gemäß EU-DSGVO müssen personenbezogene Daten auf rechtmäßige Weise, nach dem Grundsatz von Treu und Glauben und in einer für die betroffene Person nachvollziehbaren Weise verarbeitet werden, vgl. Artikel 5, Buchstabe a.

Jede Verarbeitung personenbezogener Daten erfordert einen Erlaubnistatbestand; sie dürfen ausschließlich für genau festgelegte, eindeutige und rechtmäßige Zwecke erhoben und nicht in einer mit diesen Zwecken nicht zu vereinbarenden Weise weiterverarbeitet werden (*Verbot mit Erlaubnisvorbehalt, Lizenzierungsprinzip*).

Es obliegt mithin der verantwortlichen Stelle, für jedwede Form der Verarbeitung personenbezogener Daten den Nachweis der *Rechtmäßigkeit* zu führen und dies den Betroffenen gegenüber in nachvollziehbarer Weise darzulegen.

Folgende sechs Erlaubnistatbestände (*Lizenzierungsarten*) sind in Artikel 6 der EU-DSGVO aufgeführt:

a. *Einwilligung*: Die betroffene Person hat ihre Einwilligung zu der Verarbeitung der sie betreffenden personenbezogenen Daten für einen oder mehrere genau festgelegte Zwecke gegeben.

b. *Erfüllung eines Vertrags* (oder eines vertragsähnlichen Vertrauensverhältnisses): Die Verarbeitung ist für die Erfüllung eines Vertrags, dessen Vertragspartei die betroffene Person ist, erforderlich oder zur Durchführung vorvertraglicher Maßnahmen, die auf Antrag der betroffenen Person erfolgen.

c. *Gesetzliche Grundlage*: Die Verarbeitung ist zur Erfüllung einer gesetzlichen Verpflichtung erforderlich, der der für die Verarbeitung Verantwortliche unterliegt.

d. *Lebenswichtiges Interesse des Betroffenen*: Die Verarbeitung ist nötig, um lebenswichtige Interessen der betroffenen Person zu schützen.

e. *Öffentliches Interesse*: Die Verarbeitung ist für die Wahrnehmung einer Aufgabe erforderlich, die im öffentlichen Interesse liegt oder in Ausübung hoheitlicher Gewalt erfolgt und die dem für die Verarbeitung Verantwortlichen übertragen wurde.

f. *Abwägung der Interessen*: Die Verarbeitung ist zur Wahrung der berechtigten Interessen des für die Verarbeitung Verantwortlichen erforderlich, sofern nicht die Interessen oder Grundrechte und Grundfreiheiten der betroffenen Person, die den Schutz personenbezogener Daten erfordern, überwiegen, insbesondere dann, wenn es sich bei der betroffenen Person um ein Kind handelt. Dieser gilt nicht für die von Behörden in Erfüllung ihrer Aufgaben vorgenommene Verarbeitung.

Im Zusammenhang mit dem Lizenzierungsprinzip sind die besonderen Anforderungen an eine wirksame Einwilligung und der besondere Schutz von Kindern zu beachten:

Anforderungen an eine wirksame Einwilligung (Artikel 7)

Die Einwilligung des Betroffenen ist nur unter bestimmten Auflagen datenschutzrechtlich wirksam. Die Beweislast für die Rechtmäßigkeit trägt die verantwortliche Stelle. Dies kommt in den meisten Fällen einer Schriftformerfordernis gleich.

Die Einwilligung muss als solche äußerlich sofort erkennbar sein und erkennbar von dem anderen Sachverhalt getrennt werden.

Die betroffene Person hat das Recht, ihre Einwilligung jederzeit zu widerrufen.

Die Einwilligung ist ungültig, wenn zwischen der Position der betroffenen Person und des für die Verarbeitung Verantwortlichen ein erhebliches Ungleichgewicht besteht, etwa bei Arbeitsverträgen.

Schutz personenbezogener Daten von Kindern (Artikel 8)

Die EU folgt mit der DSGVO zentralen internationalen Vorgaben zum Schutz von Kindern. Gemäß Artikel 8 ist die Verarbeitung personenbezogener Daten von *Personen bis zum vollendeten sechzehnten Lebensjahr* nur mit Zustimmung der Eltern oder des Vormunds des Kindes rechtmäßig.

Verantwortliche Stellen haben unter Berücksichtigung der vorhandenen Technologie angemessene Anstrengungen, um eine nachprüfbare Einwilligung zu erhalten.

Anmerkung: Im ersten Entwurf der EU-DSGVO war eine Altersgrenze von dreizehn Jahren vorgesehen. Einzelne Mitgliedsstaaten können eine entsprechend niedrigere (dreizehn bis fünfzehn) Altersgrenze im nationalen Datenschutzrecht festlegen (Öffnungsklausel).

Notwendigkeit / Datenminimierung (Artikel 5)

Die erhobenen und verarbeiteten personenbezogenen Daten müssen dem Zweck angemessen und erheblich sowie auf das für die Zwecke der Datenverarbeitung notwendige Maß beschränkt sein.

Um dies sicherzustellen, hat der Verantwortliche personenbezogene Daten unverzüglich zu löschen, sofern u.a. diese für die Zwecke, für die sie erhoben oder verarbeitet wurden, nicht mehr notwendig sind, vgl. Artikel 17 Absatz 1 Buchstabe a.

Zweckbindung (Artikel 5)

Personenbezogene Daten dürfen nur auf rechtmäßige Weise, nach Treu und Glauben und in einer für die betroffene Person nachvollziehbaren Weise verarbeitet werden.

Diese Daten dürfen danach ausschließlich in einer mit diesen Zwecken zu vereinbarenden Weise weiterverarbeitet werden.

Die Datenverarbeitung muss dem Zweck angemessen und erheblich sowie auf das für die Zwecke der Verarbeitung notwendige Maß beschränkt sein (Datenminimierung).

Die Daten müssen sachlich richtig und erforderlichenfalls auf dem neuesten Stand sein. Andernfalls sind sie zu berichtigen oder zu löschen.

Richtigkeit (Artikel 5)

Der Verantwortliche hat dafür Sorge zu tragen, dass alle verarbeiteten personenbezogenen Daten sachlich richtig und auf dem neuesten Stand sind; es sind alle angemessenen Maßnahmen zu treffen, damit personenbezogene Daten, die im Hinblick auf die Zwecke ihrer Verarbeitung unrichtig sind, unverzüglich gelöscht oder berichtigt werden, vgl. Artikel 5 Absatz 1 Buchstabe d.

1.4.4 Säule 2: Transparenz und Rechte der Betroffenen

Transparenz (Artikel 5)

Der Verantwortlich muss personenbezogene Daten in einer für die betroffene Person nachvollziehbaren Weise verarbeiten. (Artikel 5 Absatz 1)

Verfahren zur Wahrung der Betroffenenrechte

Die verantwortliche Stelle legt ein Verfahren fest, mittels dessen sichergestellt ist, dass die betroffenen über ihre mit der Datenverarbeitung durch die verantwortliche Stelle verbundenen Rechte informiert sind und die betroffene Person ihre Rechte ausüben können (Artikel 12).

Im Falle der automatischen Verarbeitung personenbezogener Daten sorgt der für die Verarbeitung Verantwortliche dafür, dass die Maßnahme elektronisch beantragt werden kann.

Diese wesentlichen Rechte sind im Folgenden kurz aufgeführt.

Informationspflicht (Artikel 12, 13 und 14)

Die verantwortliche Stelle stellt den Betroffenen Informationen zur Verarbeitung der jeweiligen personenbezogenen Daten in präziser, transparenter, verständlicher und leicht zugänglicher

Form in einer klaren und einfachen Sprache zur Verfügung. Dies gilt insbesondere für Informationen, die sich speziell an Kinder richten. (Artikel 12 Absatz 1)

Die Übermittlung der Informationen erfolgt schriftlich oder in anderer Form, gegebenenfalls auch elektronisch. Falls von der betroffenen Person verlangt, kann die Information mündlich erteilt werden, sofern die Identität der betroffenen Person in anderer Form nachgewiesen wurde. (Artikel 12 Absatz 1)

Werden die personenbezogenen Daten beim Betroffenen selbst erhoben, so umfasst das Recht auf Information insbesondere folgende Angaben (vgl. Artikel 13 Absatz 1):

a. den Namen und die Kontaktdaten des Verantwortlichen sowie gegebenenfalls seines Vertreters;

b. gegebenenfalls die Kontaktdaten des/der Datenschutzbeauftragten;

c. die Zwecke, für die die personenbezogenen Daten verarbeitet werden sollen, sowie die Rechtsgrundlage für die Verarbeitung;

d. wenn die Verarbeitung auf Artikel 6 Absatz 1 Buchstabe f beruht, die berechtigten Interessen, die von dem Verantwortlichen oder einem Dritten verfolgt werden;

e. gegebenenfalls die Empfänger oder Kategorien von Empfängern der personenbezogenen Daten und

f. gegebenenfalls die Absicht des Verantwortlichen, die personenbezogenen Daten an ein Drittland oder eine internationale Organisation zu übermitteln [...]

Zusätzlich zu den Informationen gemäß Absatz 1 stellt der Verantwortliche der betroffenen Person zum Zeitpunkt der Erhebung dieser Daten folgende weitere Informationen zur

Verfügung, die notwendig sind, um eine faire und transparente Verarbeitung zu gewährleisten (Artikel 13 Absatz 2):

a. die Dauer, für die die personenbezogenen Daten gespeichert werden oder, falls dies nicht möglich ist, die Kriterien für die Festlegung dieser Dauer;

b. das Bestehen eines Rechts auf Auskunft seitens des Verantwortlichen über die betreffenden personenbezogenen Daten sowie auf Berichtigung oder Löschung oder auf Einschränkung der Verarbeitung oder eines Widerspruchsrechts gegen die Verarbeitung sowie des Rechts auf Datenübertragbarkeit;

c. wenn die Verarbeitung auf Artikel 6 Absatz 1 Buchstabe a oder Artikel 9 Absatz 2 Buchstabe a beruht, das Bestehen eines Rechts, die Einwilligung jederzeit zu widerrufen, ohne dass die Rechtmäßigkeit der aufgrund der Einwilligung bis zum Widerruf erfolgten Verarbeitung berührt wird;

d. das Bestehen eines Beschwerderechts bei einer Aufsichtsbehörde;

e. ob die Bereitstellung der personenbezogenen Daten gesetzlich oder vertraglich vorgeschrieben oder für einen Vertragsabschluss erforderlich ist, ob die betroffene Person verpflichtet ist, die personenbezogenen Daten bereitzustellen, und welche mögliche Folgen die Nichtbereitstellung hätte und

f. das Bestehen einer automatisierten Entscheidungsfindung einschließlich Profiling gemäß Artikel 22 Absätze 1 und 4 und – zumindest in diesen Fällen – aussagekräftige Informationen über die involvierte Logik sowie die Tragweite und die angestrebten Auswirkungen einer derartigen Verarbeitung für die betroffene Person.

Beabsichtigt der Verantwortliche, die personenbezogenen Daten für einen anderen Zweck weiterzuverarbeiten als den, für den die personenbezogenen Daten erhoben wurden, so stellt er der betroffenen Person vor dieser Weiterverarbeitung Informationen über diesen anderen Zweck und alle anderen maßgeblichen Informationen gemäß Absatz 2 zur Verfügung. (Artikel 13 Abs. 3)

Erfolgt die Datenerhebung nicht beim Betroffenen, so regelt Artikel 14 den Umfang der Informationspflicht:

a. den Namen und die Kontaktdaten des Verantwortlichen sowie gegebenenfalls seines Vertreters;

b. zusätzlich die Kontaktdaten des Datenschutzbeauftragten;

c. die Zwecke, für die die personenbezogenen Daten verarbeitet werden sollen, sowie die Rechtsgrundlage für die Verarbeitung;

d. die Kategorien personenbezogener Daten, die verarbeitet werden;

e. gegebenenfalls die Empfänger oder Kategorien von Empfängern der personenbezogenen Daten;

f. gegebenenfalls die Absicht des Verantwortlichen, die personenbezogenen Daten an einen Empfänger in einem Drittland oder einer internationalen Organisation zu übermitteln [...]

Zusätzlich zu den Informationen gemäß Absatz 1 stellt der Verantwortliche der betroffenen Person die folgenden Informationen zur Verfügung, die erforderlich sind, um der betroffenen Person gegenüber eine faire und transparente Verarbeitung zu gewährleisten.

Dies umfasst nach Artikel 14 Absatz 2 folgende Informationen:

a. die Dauer, für die die personenbezogenen Daten gespeichert werden oder, falls dies nicht möglich ist, die Kriterien für die Festlegung dieser Dauer;

b. wenn die Verarbeitung auf Artikel 6 Absatz 1 Buchstabe f beruht, die berechtigten Interessen, die von dem Verantwortlichen oder einem Dritten verfolgt werden;

c. das Bestehen eines Rechts auf Auskunft seitens des Verantwortlichen über die betreffenden personenbezogenen Daten sowie auf Berichtigung oder Löschung oder auf Einschränkung der Verarbeitung und eines Widerspruchsrechts gegen die Verarbeitung sowie des Rechts auf Datenübertragbarkeit;

d. wenn die Verarbeitung auf Artikel 6 Absatz 1 Buchstabe a oder Artikel 9 Absatz 2 Buchstabe a beruht, das Bestehen eines Rechts, die Einwilligung jederzeit zu widerrufen, ohne dass die Rechtmäßigkeit der aufgrund der Einwilligung bis zum Widerruf erfolgten Verarbeitung berührt wird;

e. das Bestehen eines Beschwerderechts bei einer Aufsichtsbehörde;

f. aus welcher Quelle die personenbezogenen Daten stammen und gegebenenfalls ob sie aus öffentlich zugänglichen Quellen stammen;

g. das Bestehen einer automatisierten Entscheidungsfindung einschließlich Profiling gemäß Artikel 22 Absätze 1 und 4 und – zumindest in diesen Fällen – aussagekräftige Informationen über die involvierte Logik sowie die Tragweite und die angestrebten Auswirkungen einer derartigen Verarbeitung für die betroffene Person.

Recht auf Auskunft (Artikel 15)

Die betroffene Person hat das Recht, von dem für die Verarbeitung Verantwortlichen jederzeit eine Bestätigung darüber zu verlangen, ob sie betreffende personenbezogene Daten verarbeitet werden oder nicht.

Werden personenbezogene Daten verarbeitet, teilt der für die Verarbeitung Verantwortliche Folgendes mit:

a. die Verarbeitungszwecke,

b. die Kategorien personenbezogener Daten, die verarbeitet werden,

c. die Empfänger oder Kategorien von Empfängern, gegenüber denen die personenbezogenen Daten offengelegt worden sind oder noch offengelegt werden, insbesondere bei Empfängern in Drittländern oder bei internationalen Organisationen;

d. falls möglich die geplante Dauer, für die die personenbezogenen Daten gespeichert werden, oder, falls dies nicht möglich ist, die Kriterien für die Festlegung dieser Dauer;

e. das Bestehen eines Rechts auf Berichtigung oder Löschung der sie betreffenden personenbezogenen Daten oder auf Einschränkung der Verarbeitung durch den Verantwortlichen oder eines Widerspruchsrechts gegen diese Verarbeitung;

f. das Bestehen eines Beschwerderechts bei einer Aufsichtsbehörde;

g. wenn die personenbezogenen Daten nicht bei der betroffenen Person erhoben werden, alle verfügbaren Informationen über die Herkunft der Daten;

h. das Bestehen einer automatisierten Entscheidungsfindung einschließlich des Profilings gemäß Artikel 22 Absätze 1 und 4 und – zumindest in diesen Fällen – aussagekräftige Informationen über die involvierte Logik sowie die Tragweite und die angestrebten Auswirkungen einer derartigen Verarbeitung für die betroffene Person.

Der Verantwortliche stellt eine Kopie der personenbezogenen Daten, die Gegenstand der Verarbeitung sind, zur Verfügung (*kostenlose Erstkopie*). Für alle weiteren Kopien, die die betroffene Person beantragt, kann der Verantwortliche ein angemessenes Entgelt auf der Grundlage der Verwaltungskosten verlangen. Stellt die betroffene Person den Antrag elektronisch, so sind die Informationen in einem gängigen elektronischen Format zur Verfügung zu stellen, sofern sie nichts anderes angibt. (Artikel 15 Absatz 3)

Recht auf Berichtigung (Artikel 16)

Die betroffene Person hat das Recht, von der verantwortlichen Stelle die Berichtigung von unzutreffenden personenbezogenen Daten zu verlangen.

Die betroffene Person hat - unter Berücksichtigung der Zwecke der Verarbeitung - das Recht, die Vervollständigung unvollständiger personenbezogener Daten, auch in Form eines Korrigendums, zu verlangen.

Recht auf Vergessen(werden) und auf Datenlöschung (Artikel 17)

Die betroffene Person hat das Recht, von dem für die Verarbeitung Verantwortlichen die Löschung von sie betreffenden personenbezogenen Daten zu verlangen, sofern einer der folgenden *Löschtatbestände* zutrifft:

a. Die personenbezogenen Daten sind für die Zwecke, für die sie erhoben oder auf sonstige Weise verarbeitet wurden, nicht mehr notwendig.

b. Die betroffene Person widerruft ihre Einwilligung und es fehlt an einer anderweitigen Rechtsgrundlage für die Verarbeitung.

c. Die betroffene Person legt Widerspruch gegen die Verarbeitung ein und es liegen keine vorrangigen berechtigten Gründe für die Verarbeitung vor.

d. Die personenbezogenen Daten wurden unrechtmäßig verarbeitet.

e. Die Löschung der personenbezogenen Daten ist zur Erfüllung einer rechtlichen Verpflichtung nach dem Unionsrecht oder dem Recht der Mitgliedstaaten erforderlich, dem der Verantwortliche unterliegt.

f. Die personenbezogenen Daten wurden in Bezug auf angebotene Dienste der Informationsgesellschaft gemäß Artikel 8 Absatz 1 erhoben.

Recht auf Datenübertragbarkeit (Artikel 20)

Werden personenbezogene Daten elektronisch verarbeitet, hat die betroffene Person das Recht, von dem für die Verarbeitung Verantwortlichen eine Kopie der verarbeiteten Daten in einem von ihr weiter verwendbaren strukturierten gängigen elektronischen Format zu verlangen.

Das Recht darf die Rechte und Freiheiten anderer Personen nicht beeinträchtigen.

Recht auf Widerspruch (Artikel 21)

Die betroffene Person hat das Recht, jederzeit gegen die Verarbeitung personenbezogener Daten, die insbesondere auf alleiniger Grundlage einer Abwägung der Interessen der verantwortlichen Stelle und des Schutzbedarfs des Betroffenen erhoben wurden, Widerspruch einzulegen.

Die betroffene Person muss spätestens zum Zeitpunkt der ersten Kommunikation mit ihr ausdrücklich auf das Widerspruchsrecht hingewiesen werden; dieser Hinweis hat in einer verständlichen und von anderen Informationen getrennten Form zu erfolgen.

Besondere Regelungen gelten für Direktwerbung, vgl. Artikel 21 Absätze 2 und 3.

1.4.5 Säule 3: Daten- und Systemsicherheit

Datenschutzkonformes Anwendungen (Artikel 25)

Die verantwortliche Stelle trifft unter Berücksichtigung des Stands der Technik und der Implementierungskosten fortlaufend technische und organisatorische Maßnahmen um, die sicherstellen, dass die Datenschutzgrundsätze wirksam umgesetzt sowie die notwendigen Garantien in die Verarbeitung aufgenommen werden, um den Anforderungen der EU-DSGVO zu genügen und die Rechte der betroffenen Personen zu schützen (*Datenschutz by Design*).

Der Verantwortliche trifft geeignete technische und organisatorische Maßnahmen, die sicherstellen, dass durch Voreinstellung grundsätzlich nur personenbezogene Daten, deren Verarbeitung für den jeweiligen bestimmten Verarbeitungszweck erforderlich ist, verarbeitet werden. (*Datenschutz by Default*)

Diese Verpflichtung gilt auch für den Umfang der Erhebung und Verarbeitung personenbezogener Daten, den Umfang ihrer Verarbeitung, ihre Speicherfrist und ihre Zugänglichkeit.

Solche Maßnahmen müssen insbesondere sicherstellen, dass personenbezogene Daten durch Voreinstellungen nicht ohne Eingreifen der Person einer unbestimmten Zahl von natürlichen Personen zugänglich gemacht werden.

Der Benutzer kann die Einstellungen später bei Bedarf und nach Möglichkeit abändern und so in die Datenverarbeitung steuernd eingreifen.

Risikoorientierte Schutzmaßnahmen (Artikel 32)

Der für die Verarbeitung Verantwortliche und der Auftragsverarbeiter treffen - unter Berücksichtigung des Stands der Technik, der Implementierungskosten und der Umstände und der Zwecke der Datenverarbeitung – technische und organisatorische Maßnahmen, die geeignet sind, ein Schutzniveau zu gewährleisten, das den von der Verarbeitung ausgehenden Risiken und der Art der zu schützenden personenbezogenen Daten angemessen ist.

Anmerkung des Autors: Dies entspricht im Wesentlichen den aus dem deutschen Datenschutzrecht bekannten Anforderungen an angemessene technische und organisatorische Schutzmaßnahmen, vgl. z.B. § 9 BDSG und Anlage hierzu.

Artikel 32 Absatz 1 führt hierzu exemplarische Maßnahmen auf:

a. die Pseudonymisierung und Verschlüsselung personenbezogener Daten

b. die Fähigkeit, die Vertraulichkeit, Integrität, Verfügbarkeit und Belastbarkeit der Systeme und Dienste im Zusammenhang mit der Verarbeitung auf Dauer sicherzustellen

c. die Fähigkeit, die Verfügbarkeit der personenbezogenen Daten und den Zugang zu ihnen bei einem physischen oder technischen Zwischenfall rasch wiederherzustellen

d. ein Verfahren zur regelmäßigen Überprüfung, Bewertung und Evaluierung der Wirksamkeit der technischen und organisatorischen Maßnahmen zur Gewährleistung der Sicherheit der Verarbeitung

Bei der Beurteilung des angemessenen Schutzniveaus sind insbesondere die Risiken zu berücksichtigen, die mit der Verarbeitung – insbesondere durch Vernichtung, Verlust oder Veränderung, ob unbeabsichtigt oder unrechtmäßig, oder unbefugte Offenlegung von beziehungsweise unbefugten Zugang zu personenbezogenen Daten, die übermittelt, gespeichert oder auf andere Weise verarbeitet wurden – verbunden sind. (Artikel 32 Absatz 2)

Der Verantwortliche und der Auftragsverarbeiter unternehmen Schritte, um sicherzustellen, dass ihnen unterstellte natürliche Personen, die Zugang zu personenbezogenen Daten haben, diese nur auf Anweisung des Verantwortlichen verarbeiten [...]. (Artikel 32 Absatz 4)

Dokumentation (Artikel 30)

Alle für die Verarbeitung Verantwortlichen, alle Auftragsverarbeiter dokumentieren die ihrer Zuständigkeit unterliegenden Verarbeitungsvorgänge gemäß den in Artikel 30 Absatz 1 genannten Anforderungen:

a) den Namen und die Kontaktdaten des Verantwortlichen und gegebenenfalls des gemeinsam mit ihm Verantwortlichen, des Vertreters des Verantwortlichen sowie eines etwaigen Datenschutzbeauftragten;

b) die Zwecke der Verarbeitung;

c) eine Beschreibung der Kategorien betroffener Personen und der Kategorien personenbezogener Daten;

d) die Kategorien von Empfängern, gegenüber denen die personenbezogenen Daten offengelegt worden sind oder noch offengelegt werden, einschließlich Empfänger in Drittländern oder internationalen Organisationen;

e) gegebenenfalls Übermittlungen von personenbezogenen Daten an ein Drittland oder an eine internationale Organisation, einschließlich der Angabe des betreffenden Drittlands oder der betreffenden internationalen Organisation, sowie bei den in Artikel 49 Absatz 1 Unterabsatz 2 genannten Datenübermittlungen die Dokumentierung geeigneter Garantien;

f) wenn möglich, die vorgesehenen Fristen für die Löschung der verschiedenen Datenkategorien;

g) wenn möglich, eine allgemeine Beschreibung der technischen und organisatorischen Maßnahmen gemäß Artikel 32 Absatz 1.

Diese Anforderung gilt nicht für Privatpersonen und nicht für Unternehmen mit weniger als 250 Mitarbeitenden, bei denen die Datenverarbeitung nicht Hauptgeschäftszweck ist und nicht besondere Kategorien personenbezogener Daten bzw. Angaben zu Straftaten verarbeitet werden. (Artikel 30 Absatz 5)

Die jeweiligen Stellen stellen die genannte Dokumentation auf Anfrage der zuständigen Aufsichtsbehörde auf Anforderung zur Verfügung. (Artikel 31)

Nachvollziehbare Datenschutzstrategie (Artikel 39)

Der für die Verarbeitung Verantwortliche hat eine nachvollziehbare und für jedermann leicht zugängliche Strategie darzustellen und die Erhebung und Verarbeitung personenbezogener Daten auf diese Strategie hin auszurichten, einschließlich der Zuweisung von Zuständigkeiten, der Sensibilisierung und Schulung der an den Verarbeitungsvorgängen beteiligten Mitarbeiter und der diesbezüglichen Überprüfungen, vgl. Artikel 39 Absatz 1 Buchstabe b.

Datenschutz-Folgeabschätzung (Artikel 35)

Bergen die Verarbeitungsvorgängen aufgrund ihres Wesens, ihres Umfangs oder ihrer Zwecke konkrete Risiken für die Rechte und Freiheiten betroffener Personen, so führt die verantwortliche Stelle (oder der Auftragsverarbeiter in dessen Auftrag) vorab eine Abschätzung der Folgen der vorgesehenen Verarbeitungsvorgänge für den Schutz personenbezogener Daten durch.

Eine derartige *Vorabkontrolle* ist insbesondere bei folgenden Verarbeitungsvorgängen durchzuführen (Artikel 35 Absatz 3):

a. *Profilbildung*, d.h. systematische und umfassende Auswertung persönlicher Aspekte einer natürlichen Person, beispielsweise zwecks Analyse ihrer wirtschaftlichen Lage, ihres Aufenthaltsorts, ihres Gesundheitszustands, ihrer persönlichen Vorlieben, ihrer Zuverlässigkeit oder ihres Verhaltens oder zwecks diesbezüglicher Voraussagen, die sich auf eine automatisierte Verarbeitung von Daten gründet und ihrerseits als Grundlage für Maßnahmen dient, welche Rechtswirkung gegenüber der betroffenen Person entfalten oder erhebliche Auswirkungen für diese mit sich bringen;

b. umfangreiche Nutzung *besonderer Kategorien personenbezogener Daten*, insbesondere die Verarbeitung von Daten über das Sexualleben, den Gesundheitszustand, die Rasse oder die ethnische Herkunft oder für die Erbringung von Gesundheitsdiensten, für epidemiologische Studien oder für Erhebungen über Geisteskrankheiten oder ansteckende Krankheiten, wenn die betreffenden Daten in großem Umfang im Hinblick auf Maßnahmen oder Entscheidungen verarbeitet werden, welche sich auf spezifische Einzelpersonen beziehen sollen;

c. eine systematische und umfangreiche *Überwachung öffentlich zugänglicher Bereiche*, insbesondere mittels Videoüberwachung;

Des Weiteren ist eine Datenschutz-Folgeabschätzung für diejenigen Verarbeitungen durchzuführen, für welche die Aufsichtsbehörde dies prinzipiell für erforderlich hält. (Artikel 35 Absatz 4).

1.4.6 Säule 4: Kontrolle und Meldepflicht

Zusammenarbeit mit der Aufsichtsbehörde (Artikel 31)

Die verantwortliche Stelle und deren etwaige Auftragnehmer arbeiten der Aufsichtsbehörde auf Verlangen zu, um ihr die Erfüllung ihrer Pflichten zu erleichtern, indem sie dieser auf Verlangen die erforderlichen Informationen zu den datenschutzrechtlichen Verfahren übermitteln und ihr bei Bedarf Zugang gewähren.

Ist ein Datenschutzbeauftragter ernannt, so gehört die Zusammenarbeit mit der Aufsichtsbehörde zu dessen Aufgaben, vgl. Artikel 39 Absatz 1 Buchstabe d.

Meldepflicht bei Datenschutzverstößen (Artikel 33 und 34)

Bei Verstößen gegen die Anforderungen der EU-DSGVO besteht eine Meldepflicht der verantwortlichen Stelle sowohl gegenüber der zuständigen Aufsichtsbehörde (Artikel 33) als auch gegenüber den mutmaßlich betroffenen Personen (Artikel 34).

Bei einer Verletzung des Schutzes personenbezogener Daten benachrichtigt der für die Verarbeitung Verantwortliche die Aufsichtsbehörde ohne unangemessene Verzögerung und nach Möglichkeit binnen 24 Stunden nach Feststellung der Verletzung.

Falls die Meldung an die Aufsichtsbehörde nicht binnen 24 Stunden erfolgt, ist dieser eine Begründung beizufügen.

Die Meldung muss mindestens folgende Punkte beinhalten:

a. eine Beschreibung der Art der Verletzung des Schutzes personenbezogener Daten, soweit möglich mit Angabe der Kategorien und der ungefähren Zahl der betroffenen Personen, der betroffenen Kategorien und der ungefähren Zahl der betroffenen personenbezogenen Datensätze;
b. den Namen und die Kontaktdaten des Datenschutzbeauftragten oder einer sonstigen Anlaufstelle für weitere Informationen;
c. eine Beschreibung der wahrscheinlichen Folgen der Verletzung des Schutzes personenbezogener Daten
d. eine Beschreibung der von dem Verantwortlichen ergriffenen oder vorgeschlagenen Maßnahmen zur Behebung der Verletzung des Schutzes personenbezogener Daten und gegebenenfalls Maßnahmen zur Abmilderung ihrer möglichen nachteiligen Auswirkungen.

Der für die Verarbeitung Verantwortliche benachrichtigt im Anschluss an die Meldung nach Artikel 33 die betroffene Person ohne unangemessene Verzögerung von der Verletzung des Schutzes personenbezogener Daten, wenn die Wahrscheinlichkeit besteht, dass der Schutz der personenbezogenen Daten oder der Privatsphäre der betroffenen Person durch eine festgestellte Verletzung des Schutzes personenbezogener Daten beeinträchtigt wird.

Diese Benachrichtigung umfasst mindestens die in Artikel 35 Absatz 3 genannten Informationen und Empfehlungen.

Die Benachrichtigung der betroffenen Person über die Verletzung des Schutzes personenbezogener Daten ist nicht erforderlich, wenn der für die Verarbeitung Verantwortliche geeignete technische Sicherheitsvorkehrungen getroffen hat und diese Vorkehrungen auf die von der Verletzung betroffenen personenbezogenen Daten angewandt wurden, insbesondere durch

Verschlüsselung, vgl. Artikel 34 Absatz 3 Buchstabe a, ggf. auch nachträglich, vgl. Buchstabe b.

Ist eine individuelle Benachrichtigung unverhältnismäßig aufwändig, so sind vergleichbare Maßnahmen möglich, etwa über öffentliche Bekanntmachungen, vgl. Buchstabe c.

Benennung einer/eines Datenschutzbeauftragten (Artikel 37-39)

Der für die Verarbeitung Verantwortliche und der Auftragsverarbeiter benennen einen Datenschutzbeauftragten, falls

> die Verarbeitung durch eine Behörde oder eine öffentliche Einrichtung erfolgt;

oder

> die Kerntätigkeit in der Durchführung von Verarbeitungsvorgängen besteht, welche aufgrund ihres Wesens, ihres Umfangs und/oder ihrer Zwecke eine regelmäßige und systematische Beobachtung von betroffenen Personen erforderlich machen.

2 Thesen zur Umsetzung der EU-DSGVO

Die folgenden Thesen sollen den Verantwortlichen dabei helfen, den Paradigmenwechsel im Datenschutz innerhalb der jeweiligen verantwortlichen Stelle aktiv mitzugestalten, sei es als Datenschutzbeauftragte oder in anderer Position.

2.1 These 1: Dem Paradigmenwechsel folgen

Mit der EU-Datenschutzgrundverordnung manifestiert sich in Europa ein grundlegender Wechsel im Verständnis dafür, was Datenschutz bedeutet und wie er zu erreichen ist.

Dies manifestiert sich zunächst in der strategischen Ausrichtung des Datenschutzes. werden. Erwägungsgrund (78) fordert eine *interne Datenschutzstrategie*, welche insbesondere die Grundsätze der Data Protection by Design und by Default in den Geschäftsprozessen verankert.

Eine reine Bestandsaufnahme der umgesetzten Schutzmaßnahmen, wie es die Meldepflicht im Bundesdatenschutzgesetz nahelegte, genügt damit nicht mehr.

Der Grundgedanke der *Privacy by Design* von Ann Cavoukian wird zum Leitbild eines neuen Datenschutzes, auch in Europa. Dieser Grundgedanke hat direkte Auswirkungen auf die gesamte Aufbau- und Ablauforganisation jeder einzelnen verantwortlichen Stelle und rückt im Umgang mit Daten den Datenschutz in das Zentrum der Betrachtung. Schließlich sind die allermeisten erhobenen Daten in Zeiten von Web 2.0 und Industrie 4.0 auf Menschen bezogen, direkt oder indirekt.

Gleichzeitig kommen die Erfahrungen in der Informationssicherheit zum Tragen. Die Erfahrungen dort zeigen, dass es eine 100-prozentige Sicherheit nicht geben kann; eine Erfahrung, die auch im Datenschutz schmerzhaft fortlaufend auftritt, zeigen doch die in steter Abfolge auftretenden *Datenschutzvorfälle* (vgl. [Projekt-

DS]) auf, dass mit einem Restrisiko selbst in sehr großen Unternehmen ständig gerechnet werden muss.

Auch im Datenschutz ist daher ein risikoorientiertes Vorgehen zwingend geboten. Dieser Gedanke hat sich in der Gedankenwelt des Datenschutzes bisher noch nicht in ausreichender Weise festgesetzt. Orientierung für den *Technischen Datenschutz* bietet die Vorgehendweise in der Informationssicherheit.

2.2 These 2: Datenschutzdokumentation erweitern

Die Datenschutzdokumentation alleine auf Basis des deutschen Datenschutzrechts ist nicht mehr ausreichend, sondern ist zwingend durch ein *risikoorientiertes Vorgehen zu ersetzen*, verbunden mit einer *erweiterten Dokumentationspflicht*.

Auch wenn die Grundverordnung keine konkreten Vorgaben zur Vorgehensweise enthält, so ist davon auszugehen, dass eine Orientierung an die ISO 27000er Familie akzeptiert werden wird.

Dabei ist zu beachten, dass die derzeit in den Unternehmen durchgeführten Risikoanalysen gemäß Wirtschaftsrecht auf dem Auge des Datenschutzes blind sind: Betrachtet werden lediglich die Risiken, denen das Unternehmen ausgesetzt sind, der *Schutzbedarf des betroffenen Individuums* wird hingegen traditionell ausgeblendet; selbst dann, wenn durch Sicherheitsvorfälle existenzbedrohende Risiken für einzelne Personen drohen!

2.3 These 3: Datenschutz aktiv steuern

Laut Bundesdatenschutzgesetz müssen nur Unternehmen einen Datenschutzbeauftragten ernennen, die mindestens 10 Mitarbeitende mit der (regelmäßigen) Nutzung personenbezogener Daten betrauen. Eine vergleichbare Anforderung (250er-Regelung) ist im abschließenden Trilog des Gesetzgebungsverfahrens durch eine Öffnungsklausel ersetzt worden, welche es den einzelnen Mitgliedsstaaten freistellt, eigene Regelungen für die Benennung *betrieblicher Datenschutzbeauftragter* zu treffen.

Im gleichen Zug steigt jedoch die Haftung der Verantwortlichen bei Verstößen gegen das EU-Datenschutzrecht, was de facto für die Ernennung einer/eines betrieblichen Datenschutzbeauftragten spricht.

Wegen der Komplexität der Anforderungen bedarf es in jedem Fall einer kompetenten Person im Unternehmen, welche die Datenschutzstrategie aktiv entwickelt und die einzelnen Organisationseinheiten bei der Umsetzung unterstützt, welche die Erlaubnistatbestände der Datenverarbeitung datenschutzrechtlich korrekt dokumentiert, den datenschutzrechtlich korrekten Betrieb der IT-Systeme kontrolliert und Anfragen zum Datenschutz profund beantwortet.

Das alles spricht für die Fortsetzung des Modells der betrieblichen Datenschutzbeauftragten in Deutschland. Ist diese Rolle im Unternehmen nicht besetzt, so ist es ratsam, diese alsbald zu besetzen und gemäß den neuen Anforderungen fortzubilden oder einen fachkundigen externen Datenschutzbeauftragten mit den geschilderten Aufgaben zu betrauen.

3 Datenschutzkonforme Dokumentation

Die EU-Datenschutzgrundverordnung macht es ganz deutlich: Wer Datenschutz ernst nimmt, muss seine Geschäftsprozesse auf eine Achtung der grundlegenden Persönlichkeitsrechte von Kunden und Mitarbeitenden hin ausrichten.

Datenschutz ist als empathische Grundeinstellung gegenüber dem Individuum strategisch in alle Geschäftsprozesse zu integrieren; die Ergebnisse sind umfassend zu dokumentieren.

Das *Verfahrensverzeichnis* als zentraler Bestandteil der datenschutzrechtlich zwingend erforderlichen Dokumentation ist mehr als eine der zentralen Aufgaben der oder des Datenschutzbeauftragten, sondern ist vielmehr Ergebnis einer funktionierenden Datenschutzkultur innerhalb der verantwortlichen Stelle.

Das Verfahrensverzeichnis dokumentiert die vielfältigen Anstrengungen im Datenschutz und zeigt die Wirksamkeit der *internen Datenschutzstrategie* auf, explizit oder indirekt.

3.1 Begriffsbestimmung

Im Folgenden werden einige Begriffe des deutschen Datenschutzrechts bis 2016 verwendet.

Es ist daher wichtig, darauf hinzuweisen, dass die Nomenklatur dieses Buchs an manchen Stellen vom Sprachgebrauch des neuen EU-Datenschutzrechts abweicht:

- Verantwortliche Stelle (entspricht dem Verantwortlichen) ist jede Person oder Stelle, die personenbezogene Daten für sich selbst erhebt, verarbeitet oder nutzt oder dies durch andere im Auftrag vornehmen lässt.
- Verfahrensverzeichnis (entspricht dem Verzeichnis der Verarbeitungstätigkeiten) ist ein Paket von

Verarbeitungen, die einen ähnlichen Zweck verfolgen und Daten mit vergleichbarem Schutzbedarf verarbeiten.

3.2 Zentrale Aufgaben des Verfahrensverzeichnisses

Das Verfahrensverzeichnis, korrekter Name „Verzeichnis der Verarbeitungstätigkeiten, dient primär dem Nachweis der Zulässigkeit der Verarbeitung personenbezogener Daten und der Einhaltung der gesetzlichen Bestimmungen.

Damit hat es mehrere potenzielle Nutznießer:

1. Die Leitungsebene (Nachweis der Compliance);
2. den/ die Datenschutzbeauftragte/n (Grundlage für die Prüfung der Rechtmäßigkeit und Kontrolle der IT-Systeme);
3. die Aufsichtsbehörde (vgl. Datenschutzbeauftragte);
4. die Betroffenen selbst: Kunden, Mitarbeiter, Betriebs-/Personalrat (Grundlage für detaillierte Auskünfte an die Betroffenen).

Dabei erfordert die Umsetzung der EU-Datenschutzgrundverordnung mehr als nur eine Neuordnung der bestehenden datenschutzrechtlichen Dokumentation; es geht um eine grundlegende Bestandsaufnahme in allen verantwortlichen Stellen und, in den nicht-öffentlichen Stellen, um eine Neu-Formulierung von Unternehmenszielen!

Dieser Prozess kann erneuernde Kraft haben, wenn er von innen heraus initiiert wird; er birgt aber auch die Gefahr, ein Unternehmen zu lähmen, wenn es von Kunden, Betriebsrat und Aufsichtsbehörde getrieben agieren muss.

Christensen et al. haben bereits im Jahr 2013 die Auswirkungen der sich damals deutlich abzeichnenden Datenschutzgrundverordnung für kleine und mittelständische Unternehmen abgeschätzt und dabei zu folgenden Kernaussagen [Impact 2013]:

1. The first challenge concerns the design of systems and procedures for data protection. In particular, under the proposed regulation, Firms must develop data management systems that allow for greater flexibility such as the right to data portability (i.e. the right to transfer data from one electronic processing system to another), as well as the right of data subjects (identified natural persons) to obtain personal data in a structured, commonly used electronic format.
2. In addition, data protection impact assessments must be incorporated into IT project management so that firms can identify and mitigate specific risks associated with data the processing of personal data.
3. Another major challenge is the designation of a data protection officer (DPO). This obligation will apply to all public sector bodies and enterprises with 250 or more employees, as well as to firms whose core activity involves the monitoring of data subjects.
4. The data controller and the data processor (the entity that actually processes personal data on behalf of the controller) will be subject to different obligations and, possibly also to different supervisory authorities (which still can create useless duplication costs).
5. The data controller has to ensure that the DPO is involved in all issues that relate to the protection of personal data and maintain detailed documentation on all processing operations.

Sie schätzten die mit der Umsetzung der Datenschutzgrundverordnung verbundenen Kosten auf durchschnittlich circa

8.000 Euro pro Jahr für ein typisches nicht-produzierendes mittelständisches Unternehmen ab. Im produzierenden Gewerbe mit weniger als 250 Mitarbeitern erkannten sie hingegen keine Mehrkosten.

3.3 Neue Anforderungen auch in Deutschland

Für deutsche Unternehmen sollte sich die Lage deutlich entspannter darstellen, da das deutsche Datenschutzrecht bereits in der Vergangenheit ein hohes Datenschutzniveau forderte.

Neu sind letztlich vor allem die Stärkung der Rechte der Betroffenen auf Auskunft und Teilhabe an der Steuerung der Datenverarbeitung (*Stärkung des Transparenzgebots*) und *im technischen Datenschutz* die *Annäherung an die weltweit anerkannten Best Practice Vorgehensweisen und Standards* im Bereich *des Informationssicherheitsmanagements*.

Das Beratungsunternehmen PricewaterhouseCoopers (PWC) hat im Jahr 2010 die 1000 größten deutschen Unternehmen zum Stand des Datenschutzes befragt und kommt zu folgenden Ergebnissen [PWC 2010]:

- Der Datenschutz wird nur bedingt als Managementaufgabe wahrgenommen; es mangelt an einer Datenschutzkultur im Unternehmen.
- Nur in der Hälfte der Großunternehmen berichtet der Datenschutzbeauftragte mindestens einmal im Jahr über den aktuellen Stand im Datenschutz, nur in 54% ist er direkt der Geschäftsleitung unterstellt.
- Zwei Drittel der Datenschutzbeauftragten haben weniger als 50% ihrer Arbeitszeit für den Datenschutz zur Verfügung, nur ein Fünftel aller Großunternehmen beschäftigt ihren Datenschutzbeauftragten in Vollzeit.

- In drei von vier Unternehmen wird das Personal nicht regelmäßig geschult, dabei sind Unachtsamkeit und Unwissenheit der Mitarbeitenden die Hauptursache für Datenschutzverstöße.

Resigniertes Fazit von PWC: In vielen Unternehmen fristen Datenschutzbeauftragte ein vergleichsweise einsames und karges Berufsleben. Zwar wird der Datenschutz in den meisten deutschen Unternehmen ernst genommen, aber er ist nicht fester Bestandteil der Unternehmensstrategie; Datenschutzerklärungen findet man weit verbreitet nur auf den Websites der deutschen Großunternehmen.

PCW hebt hervor, dass die Funktion der/des Datenschutzbeauftragten keine Alibifunktion haben darf, sondern mit Unterstützung der Geschäftsleitung Impulse für eine progressive Datenschutzkultur im Unternehmen setzen muss.

Eine derartige Datenschutzkultur umzusetzen und zu stärken, geht über den Inhalt des vorliegenden Werks weit hinaus. Es erfordert nicht nur die massive Unterstützung der Unternehmensleitung, sondern einer engmaschigen Vernetzung der Datenschutzbeauftragten innerhalb ihrer Unternehmen sowie untereinander, verbunden mit einem profunden Wissen im Datenschutz in allen Fachabteilungen und Projekten. Ein Ziel, welches sich nur langfristig erreichen lässt.

3.4 *Das Verfahrensverzeichnis als lebendes Dokument*

Zentrales Dokument der Datenschutzdokumentation ist das Verfahrensverzeichnis. Es beschreibt alle informationstechnischen Verfahren, die personenbezogene Daten speichern und verarbeiten.

Das Verfahrensverzeichnis nach EU-Datenschutzgrundverordnung geht über das im Bundesdatenschutzgesetz geforderte Verzeichnis deutlich hinaus. Insbesondere fordert es die Beschreibung von

Verfahren einer zentralen Qualitätssicherung. Das Verfahrensverzeichnis dokumentiert damit die vielfältigen Anstrengungen im Datenschutz und zeigt die Wirksamkeit der Datenschutzstrategie der verantwortlichen Stelle auf.

Bei der Erstellung des Verfahrensverzeichnisses sind Detailkenntnisse über die einzelnen Verfahren unabdingbar. Es ist daher unmöglich, dass eine einzelne Person das Verfahrensverzeichnis einer verantwortlichen Stelle alleine erstellt und pflegt. Vielmehr obliegt es der Datenschutzbeauftragten, alternativ der Qualitätsmanagerin, das Verzeichnis lediglich zu führen und für Konsistenz in den Beiträgen der einzelnen Fachverantwortlichen zu sorgen.

Ein gutes Verfahrensverzeichnis ist mithin das Ergebnis einer guten Vernetzung des oder der Datenschutzbeauftragten.

3.5 Begriffsbestimmung Verfahren

In den Gesetzestextes werden wiederholt die Begriffe *Verfahren* (EU-Datenschutzrichtlinie) bzw. *Verarbeitung* (EU-Datenschutz-grundverordnung) verwendet.

Die Frage danach, was unter diesen Begriffen zu verstehen ist, schließt sich zwingend an. Damann und Simitis haben den Begriff des Verfahrens in ihrem Kommentar der EU-Datenschutzrichtlichtlinie [Dammann/Simitis 1997, Kommentare zu Artikeln 18 und 19] wie folgt definiert.

Definition: Ein *Verfahren* ist ein Paket von Verarbeitungen, die einen ähnlichen Zweck verfolgen und Daten mit vergleichbarem Schutzbedarf verarbeiten.

Damit wird ganz deutlich, dass unter einem Verfahren kein bestimmtes IT-System, keine IT-Plattform und auch keine IT-Anwendung zu verstehen ist. Vielmehr obliegt es den

Dokumentaren, inhaltlich zusammenhängende Verarbeitungsvorgänge bzw. Anwendungen zu Verfahren zusammenzufassen.

Als Beispiel nennen Damann und Simitis [dortselbst] die Kundenverwaltung einer Bank. Das *Verfahren „Kontoführung"* könnte alle Prozessabläufe und die sie unterstützenden IT-Anwendungen umfassen, die zur Kontoeinrichtung und Kontoführung erforderlich sind.

Sieht man sich die Abläufe zur Kontoeinrichtung und zur Durchführung von Bankgeschäften genauer an, so stellt man schnell fest, dass sich Zwecke und Schutzbedarf erheblich zwischen Privatkunden und Geschäftskunden unterscheiden.

Es kann daher sinnvoll sein, zwei unterschiedliche Verfahren zu dokumentieren: *„Kontoführung Privatkunden"* und *„Kontoführung Geschäftskunden"*.

Nicht sinnvoll hingegen ist die Verwendung zu breit aufgestellter Verfahren, etwa unter dem Begriff „bankübliche Geschäfte", da hierunter eine Vielzahl ganz unterschiedlicher geschäftszwecke und Datenkategorien mit unterschiedlichem Schutzbedarf fallen.

3.6 Pflicht zur Dokumentation

Das Verzeichnis von Verarbeitungstätigkeiten muss von allen verantwortlichen Stellen vorab erstellt werden, die mindestens 250 Mitarbeiter haben (*„250er-Regelung"*).

Unabhängig von ihrer Größe müssen alle Einrichtungen ein Verzeichnis erstellen, sofern sie

a) Daten mit Risiken für die Rechte und Freiheiten der betroffenen Personen oder

b) besondere Kategorien personenbezogener Daten oder

c) personenbezogene Daten über strafrechtliche Verurteilungen oder

d) über eine stetige Datenverarbeitung verfügen.

Andere Einrichtungen sind nicht zur Erstellung eines Verzeichnisses der Verarbeitungstätigkeiten verpflichtet, müssen jedoch in gleicher Weise Gesetzeskonformität herstellen und auf Anfrage hin nachweisen.

Fazit: Es lohnt sich in jedem Fall, ein Verfahrensverzeichnis zu erstellen, insbesondere in kleineren Unternehmen mit vergleichsweise einfachen Verarbeitungsvorgängen.

3.7 Umfang des Verfahrensverzeichnisses

Der (Mindest-) Inhalt des Verzeichnisses ist bereits seit Jahrzehnten in Deutschland rechtlich vorgegeben und damit standardisiert. In einigen Bundesländern gibt es Formatvorlagen für den öffentlichen Sektor, Fachverlage bieten Softwarewerkzeuge zur Erstellung und zur Pflege von Verfahrensverzeichnissen an.

Die EU-Datenschutzgrundverordnung schafft erstmals einen *EU-weit einheitlichen Standard* für die datenschutzrechtlich erforderliche Dokumentation.

In Artikel 30 EU-DSGVO ist der *Mindestumfang* aufgeführt (Quelle: [Kramer 2016]):

(1) Name des Verantwortlichen,

(2) Name des Vertreter des Verantwortlichen sowie des Datenschutzbeauftragten,

(3) Kontaktdaten des Verantwortlichen,

(4) Datensicherheitsbeschreibung (die zeigt, dass die technischen und organisatorischen Informationssicherheitsmaßnahmen unter Berücksichtigung des Stands der Technik, der Implementierungskosten und der Art, des Umfangs, der

Umstände und der Zwecke der Verarbeitung sowie der unterschiedlichen Eintrittswahrscheinlichkeit und Schwere des Risikos für die Rechte und Freiheiten natürlicher Personen zum hinreichenden Datenschutz geeignet sind);

(5) Löschkonzept.

Sowie für jedes einzelne Verfahren:

(6) Name der Datenverarbeitung (des Prozesses),

(7) Konkreter Zweck der Datenverarbeitung,

(8) Kategorien betroffener Personen, deren Daten verarbeitet werden (wie Mitarbeiter),

(9) Kategorien personenbezogener Daten (Datenarten), die verarbeitet werden,

(10) Kategorien von Empfängern (tatsächliche, beabsichtigte), denen die personenbezogenen Daten mitgeteilt werden;

(11) Drittländer, an die Daten weitergegeben werden, unter Angabe des konkreten Drittlands und bei Ausnahmetransfer der Drittlandsgarantien.

Über die Mindestinhalte hinaus ist es ratsam, das Verzeichnis um *ergänzende Angaben* zu erweitern, u.a. um den Nachweis der Zulässigkeit der Verarbeitung personenbezogener Daten gemäß des Lizenzierungsprinzips aus Artikel 5 EU-DSGVO sowie eine Aufzählung der wesentlichen technischen und organisatorischen Schutzmaßnahmen.

Dann besteht das Verfahrensverzeichnis aus drei, aufeinander aufbauenden Bestandteilen:

- Einem allgemeinen, verfahrensübergreifenden Teil,
- spezifischen Angaben zu den einzelnen Verfahren sowie

- Angaben zu technischen und organisatorischen Schutzmaßnahmen, von denen alle (oder zumindest ein überwiegender Teil der Verfahren) profitieren.

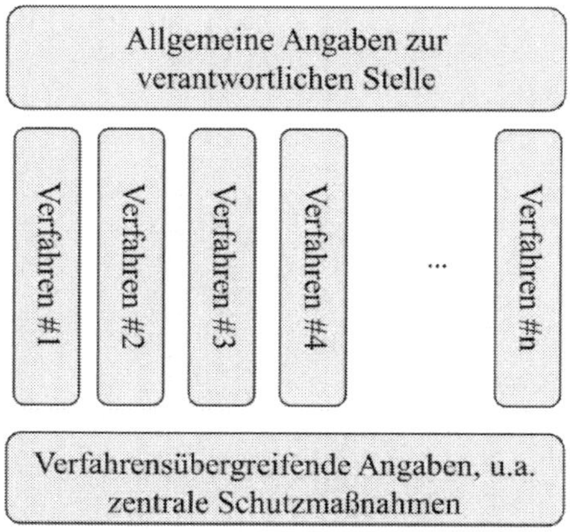

Abbildung 3:Genereller Aufbau des Verfahrensverzeichnisses

Ziel dieser Dokumentenstruktur ist es, redundante Angaben im Verzeichnis weitgehend zu vermeiden und so sowohl die Lesbarkeit als auch die Dokumentenpflege zu erleichtern.

Die Angaben in den ersten beiden Unterabschnitten gehen zurück auf Philipp Kramer [Kramer2016].

3.7.1 Allgemeine Angaben

1. Der Name des Verantwortlichen; bei Unternehmen der handelsrechtlich korrekte Name;
2. Der Name des Vertreters des Verantwortlichen sowie des Datenschutzbeauftragten; bei Unternehmen Angaben über den Inhaber oder die Geschäftsleitung sowie der IT-Leitung;
3. Die Kontaktdaten des Verantwortlichen, d.h. Postanschrift und E-Mailadresse;
4. Eine Beschreibung der grundlegenden Maßnahmen zur Datensicherheit.

5. Ein Löschkonzept, d.h. Löschfristen zu den wichtigsten Datenkategorien und eine Darlegung, wie diese umgesetzt werden.

3.7.2 Beschreibung der einzelnen Verfahren

Zu jedem einzelnen Verfahren ist festzuhalten:

1. Der Name des Verfahrens;
2. Der Zweck der Datenerhebung und Datenverwendung;
3. Kategorien Betroffener, d.h. der Personen(kreise), deren Daten verwendet werden;
4. Kategorien der erhobenen und verwendeten personenbezogenen Daten;
5. Kategorien tatsächlicher und beabsichtigter Empfänger (Zugriffsberechtigten), denen die Daten zugänglich gemacht oder mitgeteilt werden;
6. Tatsächliche und geplante Datenübermittlungen in Drittländer, d.h. in Länder außerhalb der Europäischen Union und des Europäischen Wirtschaftsraums (EU plus Island, Liechtenstein und Norwegen);
7. Fristen, in denen die Daten mit Rücksicht auf die gesetzlichen Vorschriften zunächst gesperrt und später gelöscht werden;
8. Technisch-organisatorische Schutzmaßnahmen (IT-Basisschutz plus zusätzliche, ggf. verfahrensspezifische Schutzmaßnahmen).

3.7.3 Verfahrensübergreifende Schutzmaßnahmen

Um Redundanzen in der Dokumentation zu vermeiden, ist es sinnvoll, Schutzmaßnahmen, die für die überwiegende Zahl an Verfahren gelten, übergreifend zu dokumentieren.

So ist es sinnvoll, die Schutzmaßnahmen des zentralen IT-Betriebs (Rechenzentrum, Serverraum, Verteilerräume) unabhängig von den einzelnen Verfahren zu dokumentieren, ebenso die Gebäudesicherheit von Büroräumen.

Ist in der verantwortlichen Stelle bereits ein IT-Sicherheitskonzept vorhanden, zum, Beispiel nach IT-Grundschutz oder ISO 27000, so sollte darauf Bezug genommen werden.

Beim IT-Grundschutz nasch BSI ist das Maßnahmenpaket M 2.501 Datenschutzmanagement Bezug zu nehmen, insbesondere Maßnahme M 2.505 Festlegung von technisch-organisatorischen Maßnahmen entsprechend dem Stand der Technik bei der Verarbeitung personenbezogener Daten.

Eine Übersicht geeigneter Maßnahmen aus den IT-Grundschutz-Katalogen ist in der Tabelle zu Baustein B 1.5 Datenschutz unter den Hilfsmitteln zum IT-Grundschutz dargestellt.

3.7.4 Vergleich mit dem Verzeichnis gemäß BDSG

Die folgende Tabelle gibt einen Überblick über die Gemeinsamkeiten und Unterschiede in der Dokumentationspflicht zwischen BDSG und EU-DSGVO.

Aspekt	BDSG	EU-DSGVO
Dokumentationspflicht	immer	ab 250 Mitarbeitenden bzw. sensiblen pb Daten
Umfang der Dokumentation	alle IT-Verfahren mit pb Daten	alle IT-Verfahren und Dateien mit pb Daten
Angaben über die verantwortliche Stelle	Name und Kontaktdaten (auch elektronisch)	
Betroffene Personen	Kategorisierte Auflistung der Betroffenen	

Aspekt	BDSG	EU-DSGVO
Personenbezogene Daten	Kategorisierte Auflistung der pb Daten	
Löschfristen	angemessen, manuell	kurzfristig, automatisiert
Empfänger	Kategorien interner und externer Empfänger	
Drittländer	Angaben bei Übermittlung in Drittländer	
Technisch-organisatorische Maßnahmen (TOMs)	Plausibilität genügt	Risikoorientierte Auswahl
Nachweis der Wirksamkeit der TOMs	Bedingt bei Vorabkontrollen	Ja, formaler Nachweis zwingend
Vorabkontrollen	Ja, bei hohen Risiken	
Beteiligung der Aufsicht	Nur bei Eskalation	Bei unvermindert hohem Risiko
Bußgelder bei Verstößen	oft bis 25 T€, max. bis 300 T€	bis zu 20 Mio. €, bei Konzernen mehr

Tabelle 1: Vergleich Verzeichnisinhalte nach BDSG und EU-DSGVO

3.8 Risikoorientierte Auswahl an Schutzmaßnahmen

Letztlich ist die größte Herausforderung für die mit der Verzeichnisführung Beauftragten jedoch die Informationsgewinnung, d.h. die Sicherstellung einer fachlich fundierten Zuarbeit der für die einzelnen Verfahren verantwortlichen Fachabteilungen.

EU-Datenschutzgrundverordnung stellt auf eine risikoorientierte Auswahl technischer und organisatorischer Schutzmaßnahmen ab. Dies bezieht sich nicht nur auf die Durchführung einer Datenschutzfolgeabschätzung im Rahmen einer Vorabkontrolle, sondern bereits auf die Auswahl und Bewertung von Angemessenheit und Wirksamkeit der als erforderlich erkannten und umgesetzten Schutzmaßnahmen.

Gemäß Artikel 32 der EU-DSGVO führen die für die Datenverarbeitung Verantwortlichen eine Risikobewertung durch, um daraus angemessene Maßnahmen zum Schutz der personenbezogenen Daten abzuleiten.

Dabei haben sie insbesondere folgende *Gefahrenfelder* zu berücksichtigen:

- unbeabsichtigte oder widerrechtliche Zerstörung
- unbeabsichtigter Verlust
- jedwede Form der unrechtmäßigen Verarbeitung, insbesondere jeder unbefugten Offenlegung, Einsichtnahme, Verbreitung oder Veränderung.

Bergen die Verarbeitungsvorgänge aufgrund ihres Wesens, ihres Umfangs oder ihrer Zwecke konkrete Risiken für die Rechte und Freiheiten der betroffenen Personen, so hat die verantwortliche Stelle gemäß Artikel 35 EU-DSGVO vorab eine Datenschutzfolgeabschätzung durchzuführen.

3.9 Generische Vorgehensweise (Bitkom)

Die Verein Bitkom hat eine allgemein gültige Vorgehensweise zur Erstellung eines Verfahrensverzeichnisses beschrieben [Bitkom 2007], welche im Wesentlichen aus folgenden Phasen besteht:

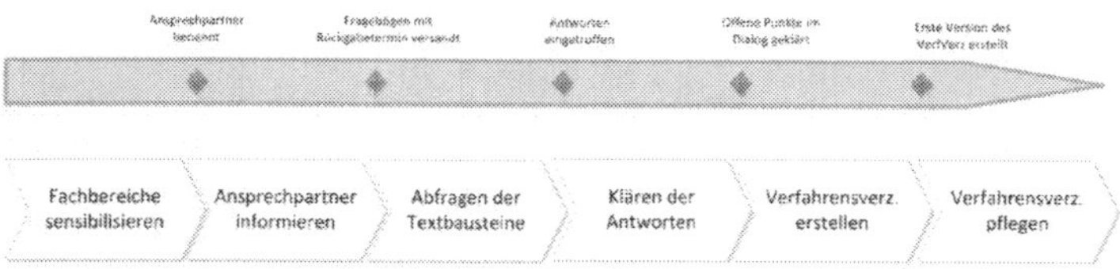

Abbildung 4: Phasenmodell Verfahrensverzeichnis (Bitkom)

Sensibilisierungsphase

In einem ersten Schritt werden die Organisationseinheiten über die gesetzlichen Vorgaben zur Erstellung der Verarbeitungsübersicht und die damit verbundene Zielsetzung in Kenntnis gesetzt. Diese Phase endet mit dem Meilenstein, dass die Organisationseinheiten jeweils einen oder mehrere Ansprechpartner benennen.

Informationsphase

Die von den Organisationseinheiten benannten Ansprechpartner werden mit dem Vorhaben vertraut gemacht, d.h. mit den wesentlichen Projektschritten und den zu verwendenden Fragebögen.

Hierbei ist deutlich zu machen, dass sowohl

- die bestehenden Anwendungen mit personenbezogenen Daten

als auch, möglichst frühzeitig,

- neu geplante Projekte und Anwendungen

zu beschreiben sind.

Wesentliche Änderungen an bestehenden Anwendungen sind wie neue Anwendungen zu behandeln. Ob es sich hierbei um selbst erstellte oder extern entwickelte Anwendungen handelt, ist gleichgültig.

Mögliche Aktionen:

- Erstellung von Übersichten und Erläuterungen, FAQs, Präsentation usw.;
- Durchführung von Workshops;
- Gemeinsame Bearbeitung eines Musterfalles.

Abfragephase

Die vorbereiteten Fragebögen werden zur Erfassung der bestehenden Verarbeitungen mit einem Rückgabetermin an die Organisationseinheiten versendet oder Termine zu Interviews zur Ausfüllung der Bögen vereinbart. Zweckmäßig kann es sein, die automatisierten Verarbeitungen schon vorab definierten Verfahren zuzuordnen, auf die sich die Darstellung des Verfahrensverzeichnisses später beschränkt.

Es wird noch einmal darauf hingewiesen, dass als erster Prüfschritt die Frage zu beantworten ist, ob die in Frage kommende Verarbeitung personenbezogene oder personenbeziehbare Daten betrifft.

Ist dies nicht der Fall, ist eine Fehlanzeige nach dem vorgegebenen Muster erforderlich.

Für kleinere Unternehmen wird häufig auch ein allgemeiner und kurzer Fragebogen über die verwendeten Verfahren ausreichen, an dessen Auswertung sich Gespräche mit den Fachabteilungen zur weiteren Informationserfassung anschließen können.

Mögliche Aktionen:

- Verteilung der Fragebögen an die Fachstellen;
- Terminverfolgung durch die Datenschutzkommission.

Klärungsphase

Während der Bearbeitungszeit der Meldeformulare ist trotz der erfolgten Vorinformation erfahrungsgemäß mit zahlreichen Rückfragen zu rechnen. Nach Rückgabe der Meldungen schließt sich eine inhaltliche Prüfung der Meldungen durch die Datenschutzbeauftragte die Datenschutzkommission an.

Wo Klärungsbedarf besteht, sollten die strittigen Punkte nach Möglichkeit im direkten Dialog durchgesprochen werden. Ziel sollte dabei sein, einerseits eine Richtigstellung der Meldung zu erreichen und gleichzeitig mit entsprechenden Hinweisen die Qualität künftiger Meldungen zu verbessern.

Bearbeitungsphase

Die von den Organisationseinheiten vorgelegten einzelnen Verarbeitungs- bzw. Verfahrensübersichten sind von der Datenschutzbeauftragten zu strukturieren, d.h. sie müssen auf die einzelnen Aufgabenbereiche verdichtet werden, um auch für außen stehende Dritte Transparenz zu bieten.

Praktisch bedeutet dies, dass alle Einzelübersichten in dem Verzeichnis des jeweiligen Aufgabenbereichs gesammelt werden und dieser Bereich dann Beschreibungsobjekt für die Verarbeitungsübersicht wird.

Somit besteht die Möglichkeit, nach unterschiedlichen Detaillierungsgraden Auskünfte zu geben. Dabei bietet die Verarbeitungsübersicht einen groben Überblick über die Struktur der automatisierten Verfahren für die Öffentlichkeit. Durch die gewählte Struktur kann z.B. für die Aufsichtsbehörde gezielt ein Aufgabenbereich dargestellt werden. Im Bedarfsfall kann dann noch auf die einzelnen Anwendungen referenziert werden.

Mögliche Aktionen:

- Umsetzung der Meldungen in die Verarbeitungsübersicht und das Verfahrensverzeichnis;
- Vorbereitung der Informations-/Präsentationsmethode.

Pflegephase

Die Aktualisierung der Verarbeitungsübersicht setzt eine permanente Kontaktpflege und Sensibilisierung der fachverantwortlichen Stellen durch die Datenschutzbeauftragte voraus, die auf Meldungen zur Veränderungen der Verfahren und Anwendungen angewiesen ist und bei Änderungen der gesetzlichen Rahmenbedingungen Anpassungen erwirken muss.

Dies kann nur gelingen, wenn sie in die relevanten IT- bzw. Geschäftsprozesse eingebunden ist. Als flankierende Maßnahme kann es sinnvoll sein, eine interne Revision zu beauftragen, im Rahmen ihrer Routineprüfungen auch die Aktualität der Verarbeitungsübersichten zu kontrollieren. Wenn die Verarbeitungsübersicht nicht laufend aktualisiert wird (z.B. durch Einbindung in andere Prozesse), ist eine Aktualisierung in regelmäßigen Abständen zu empfehlen, z. B. einmal jährlich.

Mögliche Aktionen:

- Aktualisierung der Dokumentation im Rahmen einer Vorabkontrolle;
- Überprüfung der Aktualität von Meldungen der Fachstellen durch die betriebliche Datenschutzbeauftragte.

4 Datenschutzkonforme Anwendungen

Da der Datenschutz nach EU-Datenschutzgrundverordnung strategische Bedeutung gewinnt und die grundlegenden Prinzipen des Datenschutzes in die Aufbau- und Ablauforganisation der verantwortlichen Stelle integriert werden müssen, enthält dieser Abschnitt einige Erläuterungen zu der Organisation des Datenschutzes durch Technikgestaltung und datenschutzkonforme Voreinstellungen.

Artikel 25 Absatz 2 EU-DSGVO versteht unter *Datenschutz durch Technikgestaltung und durch datenschutzfreundliche Voreinstellungen* insbesondere geeignete technische und organisatorische Maßnahmen, die sicherstellen, dass durch Voreinstellung grundsätzlich nur personenbezogene Daten, deren Verarbeitung für den jeweiligen bestimmten Verarbeitungszweck erforderlich ist, verarbeitet werden.

Gemeint sind damit die Begriffe *Data Protection by Design* und *Data Protection by Default*. Beide gehen auf den gemeinsamen Grundbegriff der *Privacy by Design* zurück. Leser, die mit diesem Begriff bereits vertraut sind, können diesen Abschnitt getrost überspringen. Die Auswirkungen auf die Datenschutzdokumentation wird in Abschnitt 5 betrachtet.

4.1 Privacy by Design

Der Begriff Privacy by Design (auf Deutsche etwa „Privatsphäre laut Konstruktion“) manifestiert nichts weniger als einen Paradigmenwechsel im Datenschutz. Ziel ist es nicht nur, die Persönlichkeitsrechte der Betroffenen von Beginn an in die Entwicklung neuer Produkte und Anwendungen mit einzubeziehen, sondern darüber hinaus den Datenschutz als Mehrwert zu sehen, der Produkte besser und wertvoller macht.

Geprägt wurde der Begriff durch Ann Cavoukian im Rahmen ihrer langjährigen Tätigkeit als Information and Privacy Commissioner des Bundesstaates Ontario, Kanada.

Es ist wichtig, das Prinzip Privacy by Design in diesem kulturellen Kontext zu verstehen: Viele der mit dem Begriff verbundenen Grundprinzipien sind bereits seit langem im Europäischen Datenschutzrecht verankert, u.a. Datensparsamkeit, Datenerhebung beim Betroffenen, Zweckbindung, Auskunfts- und Widerspruchsrecht. Für Kanada und die USA mögen dies neue Gedanken sein; sie sind jedoch hochgradig kompatibel mit der Europäischen Denkweise und bieten dadurch die Chance, zu einem weltweit vergleichbaren Verständnis für die Persönlichkeitsrechte der betroffenen Personen zu gelangen.

Eine der Kernaussagen von Ann Cavoukian ist, den Schutz der individuellen informationellen Privatsphäre als *langfristig entscheidenden Wettbewerbsvorteil* zu erkennen und Produkte zu entwickeln, welche dem *Recht der Nutzer auf informationelle Selbstbestimmung und informationelle Privatsphäre Priorität vor kurzfristigen Wettbewerbsvorteilen* einräumt und letztlich einen *Mehrwert für Anbieter und Nutzer durch einen konsequent umgesetzten Datenschutz generieren* [Cavoukian 2010, Introduction].

> *Datenschutz ist ein wesentlicher Bestandteil des Systems, ohne Abstriche bei der Funktionalität.* (Ann Cavoukian, [Cavoukian 2009, Nr. 3]).

4.2 Was ist Privacy-by-Design?

Knapp dargestellt beschreibt der Begriff *Privacy-by-Design* (kurz PbD) die Einbettung datenschutzrechtlicher Anforderungen in den Entwicklungsprozess neuer Verfahren, Produkte oder Anwendungen von Beginn an.

Was zunächst eher trivial klingt, beinhaltet einige nicht triviale Anforderungen an den Arbeitsalltag der Datenschutzbeauftragten, vgl. [Cavoukian 2010, What Is Privacy-by-Design?].

Die auch für den Europäischen Rechtsraum relevanten Anforderungen sind:

1. *Mehrwert des Datenschutzes herausstellen*
   Zunächst geht es darum, die Notwendigkeit und die Vorteile zu erkennen, die mit dem umsichtigen Umgang mit personenbezogenen Daten verbunden sind. In der EU sind dies neben Kundenzufriedenheit und Kundenvertrauen auch die Einhaltung der weitreichenden datenschutzrechtlichen Anforderungen an einen gesetzeskonformen Umgang mit personenbezogenen Daten.

2. *Anwendung von Fair Information Practices*
   Berücksichtigung von weltweit anerkannten Best Practice Grundsätzen, insbesondere der OECD, vgl. [OECD Guidelines].

3. *Berücksichtigung des Datenschutzes von Beginn an*
   Nur ein durchgängiger Schutz der (informationellen) Persönlichkeitsrechte stärkt langfristig den Geschäftserfolg. Fehler im Datenschutz können später meistens nur mit hohen Kosten behoben werden. Einbindung der Datenschutzbeauftragten von Anfang an.

4. *Schutzmaßnahmen nach Best Practice*
   Ann Cavoukian prägte hierzu den Begriff der *Privacy Enhancing Technology, PET*. Sie bezeichnet damit Techniken, welche den Datenschutz stärken, z.B. die Zugriffskontrolle und die Datensparsamkeit bei der Datenerhebung.

Hinzu kam später der Grundsatz der aktiven Teilhabe der Betroffenen, wie sie bereits in den [OECD Guidelines] als *Accountability Principle* enthalten:

5. *Nutzerzentrierte Datenverarbeitung*
   Dem Nutzer kommt eine aktive Rolle bei der Steuerung des Datenflusses innerhalb der Informationsverarbeitung zu, er kontrolliert insbesondere den Zugriff auf seine personenbezogenen Daten. Vgl. [Cavoukian 2010, Privacy-Enhanced Technologies].

4.3 Das Nullsummen-Paradigma

In der Berufspraxis wird der Datenschutz oft als Bremse für neue Technologien angesehen. Dies liegt nicht zuletzt daran, dass die Stärkung des informationellen Selbstbestimmungsrechts oft als im Widerspruch zu primären Geschäftszielen stehend angesehen wird.

Typische Widerspruchspaare sind [Cavoukian 2010, Zero-Sum Security]:

- Schutz der Privatsphäre vs. Sicherheit
- Schutz der Privatsphäre vs. funktionsfähige Informationssicherheit
- Schutz der Privatsphäre vs. organisatorische Effizienz
- Schutz der Privatsphäre vs. organisatorische Kontrolle
- Schutz der Privatsphäre vs. Nutzbarkeit

Ganz häufig aber auch (Quelle: der Autor):

- Schutz der Privatsphäre vs. Data Mining
- Schutz der Privatsphäre vs. Gewinnspanne und Marktanteil

Ann Cavoukian nennt die Fokussierung auf solche Widerspruchspaare das *Nullsummenparadigma*: Wie beim Nullsummenspiel in der Spieltheorie bedeutet ein Zugewinn auf der einen Seite des Widerspruchspaares einen Verlust in gleicher Höhe auf der anderen Seite.

Dies lässt sich gut am *Beispiel der Videoüberwachung* erläutern. Während eine Alarmanlage lediglich überwacht, ob und wann ein zutrittsgeschützter Bereich unbefugt betreten wird, erfasst eine visuelle Überwachung das Verhaltens aller Personen, welche den Bereich betreten. Die Videoüberwachung ist damit geeignet, auffällige Verhaltensmuster zeitnah zu erkennen und beweiskräftig zu dokumentieren.

Während jedoch eine gut eingestellte Alarmanlage lediglich Fehlverhalten aufdeckt, erfasst eine Videoüberwachung immer auch ordnungsgemäßes Verhalten und zeichnet dieses häufig sicherheitshalber ebenfalls mit auf.

Damit greift ein Videoüberwachungssystem erheblich in die Persönlichkeitsrechte der erfassten Personen ein, stellt die Beobachteten unter Generalverdacht und fördert die systematische Datenvorratshaltung.

Jede Einschränkung der Datenerhebung im Sinne der Persönlichkeitsrechte der Beobachteten führt in Konsequenz nahezu zwangsläufig zu einer Reduzierung der Wirksamkeit der Videoüberwachung. Umgekehrt führt eine Ausweitung der Überwachung zu einer Einschränkung der Persönlichkeitsrechte der Beobachteten. Ein Nullsummenspiel, bei dem Zugewinne auf der einen Seite zwangsläufig auf Kosten der anderen Seite gehen und einen für beide Seiten akzeptablen Kompromiss erschweren.

4.4 Die 7 Grundprinzipien von PbD

Ann Cavoukian hat 7 Grundprinzipien formuliert, welche sich direkt aus dem Prinzip Privacy by Design ergeben. Im Folgenden sind diese in der von ihr autorisierten Übersetzung [Cavoukian 2009] wörtlich aufgeführt:

1. *Proaktiv, nicht reaktiv; als Vorbeugung und nicht als Abhilfe*
   Der Privacy-by-Design (PbD) Ansatz ist von proaktiven statt reaktiven Maßnahmen geprägt. Er sieht in die Privatsphäre vordringende Ereignisse voraus und verhindert sie, bevor sie geschehen können. Privacy-by-Design kommt zum Einsatz bevor die Risiken für den Datenschutz aufgetreten sind, es bietet keine Abhilfe im Falle von datenschutzrechtlichen Verletzungen, wenn sie erst einmal eingetreten sind – es verhindert vielmehr deren Auftreten. Kurz gesagt, Privacy-by-Design verhindert bereits, dass Fakten geschaffen werden.

2. *Datenschutz als Standardeinstellung*
   Wir können uns alle einer Sache gewiss sein – die Standardeinstellungen sind entscheidend! Privacy-by-Design soll den größtmöglichen Schutz der Privatsphäre bringen, indem sichergestellt wird, dass personenbezogene Daten automatisch in jedem IT-System und bei allen Geschäftspraktiken geschützt werden. Wenn eine Person nichts unternimmt, bleibt der Schutz ihrer Privatsphäre immer noch intakt. Einzelpersonen sind nicht gefordert, selbst etwas für den Schutz ihrer Privatsphäre zu unternehmen – der Schutz ist bereits systemimmanent, als Standardeinstellung.

3. *Der Datenschutz ist in das Design eingebettet*
   Privacy-by-Design ist in das Design und die Architektur von IT-Systemen und Geschäftspraktiken eingebettet. Es wird

nicht nach dem Vorfall als add-on eingebaut. Das Ergebnis ist, dass der Datenschutz eine wesentliche Komponente der Kernfunktionalität wird. Datenschutz ist ein wesentlicher Bestandteil des Systems, ohne Abstriche bei der Funktionalität.

4. *Volle Funktionalität – eine Positivsumme, keine Nullsumme*
   Privacy-by-Design will allen berechtigten Interessen und Zielen entgegenkommen, und zwar durch eine Positivsumme, die ein zufriedenstellendes Ergebnis für beide Seiten erzielt, und nicht durch einen veralteten Nullsummenansatz, bei dem schließlich unnötige Kompromisse erforderlich werden. Durch Privacy-by-Design wird die Vortäuschung falscher Dichotomien wie Datenschutz versus Sicherheit vermieden. Privacy-by-Design zeigt, dass es möglich ist, beides zugleich zu erreichen.

5. *Durchgängige Sicherheit - Schutz während des gesamten Lebenszyklus*
   Nachdem Privacy-by-Design vor der Ersterfassung der Information in das System „eingebettet" wurde, erstreckt sich dessen Wirkung auf den gesamten Lebenszyklus der Daten - starke Sicherheitsmaßnahmen sind für den Datenschutz unerlässlich, und zwar von Anfang bis Ende. Dadurch wird erreicht, dass alle Daten sicher gespeichert und am Ende des Prozesses sicher und rechtzeitig vernichtet werden. So sorgt Privacy-by-Design von der Wiege bis zur Bahre durchgängig für eine sichere Datenverarbeitung.

6. *Sichtbarkeit und Transparenz – für Offenheit sorgen*
   Privacy-by-Design will allen Beteiligten die Sicherheit geben, dass das System unabhängig von Geschäftspraktiken oder Technologien wirklich die

angekündigten Maßnahmen und Ziele verfolgt und sich einer unabhängigen Prüfung unterwirft. Seine einzelnen Komponenten und Verfahren bleiben sichtbar und transparent, und zwar gleichermaßen für Nutzer und Anbieter. Denken Sie daran, Vertrauen ist gut, Kontrolle ist besser.

7. *Die Wahrung der Privatsphäre der Nutzer - für eine nutzerzentrierte Gestaltung sorgen*
   Privacy-by-Design erfordert vor allem von den Architekten und Betreibern (von IT-Systemen), dass für sie die Interessen der Einzelpersonen an erster Stelle stehen. Sie bieten Maßnahmen wie strenge datenschutzfreundliche Voreinstellungen und angemessene Benachrichtigungen an und eröffnen benutzerfreundliche Optionen. Sie sorgen für eine nutzerzentrierte Gestaltung.

4.5 Fair Information Practices

Das Prinzip Privacy-by-Design und die daraus abgeleiteten Grundprinzipien (siehe unten) fußen auf den OECD Prinzipien zum fairen Umgang mit personenbezogenen Daten aus dem Jahr 1980.

Diese Prinzipien sind u.a. im Dokument [OECD Guidelines] aufgeführt und sind bereits in die EU-Datenschutzrichtlinie 95/46/EC eingeflossen. Eine nicht-amtliche Übersetzung findet sich unter [OECD Kurzfassung]:

1. *Grundsatz der begrenzten Datenerhebung (Collection Limitation Principle)*
   Bei der Erhebung personenbezogener Daten sind Grenzen zu setzen; die Erhebung solcher Daten darf nur mit rechtmäßigen, lauteren Mitteln und gegebenenfalls mit Wissen bzw. Einwilligung des Datensubjekts erfolgen.

2. *Grundsatz der Datenqualität (Data Quality Principle)*
   Personenbezogene Daten müssen ihrer

Zweckbestimmung entsprechen und in dem für diesen Zweck nötigen Ausmaß genau, vollständig und aktuell sein.

3. *Grundsatz der Zweckbestimmung (Purpose Specification Principle)*
   Der Zweck, für den die personenbezogenen Daten erhoben werden, ist spätestens zum Zeitpunkt der Datenerhebung festzulegen; die spätere Nutzung ist auf die Erfüllung dieses Zwecks bzw. sonstiger Zwecke zu beschränken, vorausgesetzt diese Zecke sind mit den ursprünglichen Zwecken nicht unvereinbar und werden bei jeder Änderung der Zweckbestimmung angegeben.

4. *Grundsatz der Nutzungsbegrenzung (Use Limitation Principle)*
   Personenbezogene Daten dürfen nicht offengelegt, bereitgestellt oder für andere Zwecke als [...] angegeben genutzt werden, ausgenommen mit Einwilligung des Datensubjekts oder von Gesetzes wegen.

5. *Grundsatz der Sicherung (Security Safeguards Principle)*
   Personenbezogene Daten sind durch angemessene Sicherheitsvorkehrungen gegen Risiken wie Verlust sowie Zugang, Zerstörung, Nutzung, Veränderung oder Offenlegung der Daten durch Unbefugte zu sichern.

6. *Grundsatz der Offenheit (Openness Principle)*
   Bezüglich Entwicklungen, Vorgehensweisen und Maßnahmen im Hinblick auf personenbezogene Daten ist generell eine Politik der Offenheit zu üben. Es ist dafür zu sorgen, dass das Vorhandensein und die Art personenbezogener Daten, ihre Hauptverwendungszwecke sowie die Identität und das Domizil des Datenhauptverantwortlichen einfach festzustellen sind.

7. *Grundsatz des Mitspracherechts (Individual Participation Principle)*
   Jede Person hat Anspruch auf Information bezüglich des Vorhandenseins oder des Nichtvorhandenseins von sie betreffenden Daten sowie auf Übermittlung der sie betreffenden Daten [unter akzeptablen Bedingungen, wird im Original genauer ausgeführt].

8. *Grundsatz der Rechenschaftspflicht (Accountability Principle)*
   Der Datenhauptverantwortliche muss bezüglich der Einhaltung der Maßnahmen, die den oben genannten Grundsätzen Gültigkeit verleihen, zur Rechenschaft gezogen werden können.

4.6 Privacy Enhancing Technology, PET

Der Begriff *Privacy Enhancing Technology,* PET (auf Deutsch in etwa „Systeme zur Förderung der informationellen Persönlichkeitsrechte“) bezeichnet kohärente (durchgängige) Systeme der Informations- und Kommunikationstechnik, welche den Schutz der individuellen informationellen Privatsphäre in den jeweiligen Informationssystemen stärken, ohne dabei die Funktionalität zu beeinträchtigen [KennyBorking 2002].

4.6.1 Grundsätze

Es geht bei PET nicht um einzelne Schutzmaßnahmen, sondern es gilt, ganzheitliche Prozesse und Systeme zum Datenschutz zu etablieren.

Ann Cavoukian leitet daraus folgende Grundsätze ab [Cavoukian 2010, Privacy-Enhanced Technologies]:

- Keine unnötige Erhebung personenbezogener Daten.
- Verzicht auf alle nicht explizit legitimierte Verarbeitung personenbezogener Daten.

- Ermöglichen der Steuerung der Datenverarbeitung durch die Betroffenen.

Die ersten beiden Grundsätze sind bereits aus dem deutschen Datenschutzrecht bekannte Datenschutzprinzipien, vgl. § 3a BDSG (Datenvermeidung und Datensparsamkeit) und § 4 BDSG (Rechtmäßigkeit / Lizenzierungsprinzip).

Neu hinzugefügt hat Ann Cavoukian hingegen den dritten Grundsatz. Er erweitert den Grundsatz der Datenerhebung beim Betroffenen, vgl. § 4 Abs. 2 BDSG um die Möglichkeit, direkten Einfluss auf den Prozess der Datenverarbeitung im Informationssystem zu nehmen.

Führt man die Idee der direkten Teilhabe der Betroffenen an der Steuerung der Verarbeitung personenbezogener Daten konsequent weiter, so führt dies in letzter Konsequenz zur Einführung von so genannten Agenten, welche die Nutzung personenbezogener Daten im Sinne des Betroffenen fortlaufend steuern und die Einhaltung der Zugriffsrechte kontrollieren. Dieser Ansatz wird in [Tomkoetal 2010] genauer beschrieben, vgl. auch den Beitrag in [Schäffter 2014].

4.6.2 Beispiel Videoüberwachung

Videoüberwachung ist die Beobachtung mit optisch-elektronischen Einrichtungen (vgl. u.a. § 6b Absatz 1 BDSG). Unter diesen Begriff fallen nicht nur spezialisierte Überwachungs-kameras, sondern alle Arten von Kameras, die sich zur Beobachtung eignen, d.h. auch Webcams, Wildkameras, digitale Fotoapparate oder mobile Geräte mit integrierter Kamera. Voraussetzung ist alleine die Erhebung personenbezogener Daten, das heißt, dass durch die Aufnahmen Rückschlüsse auf die Identität von einzelnen Personen sind. [OH_Video]

Bei einem *öffentlichen Raum* handelt es sich um Bereiche innerhalb oder außerhalb von Gebäuden, die nach dem erkennbaren Willen des Berechtigten, z.B. des Grundstückseigentümers, von Jedermann genutzt oder betreten werden dürfen.

Ein öffentlicher Raum liegt auch dann vor, wenn für den Zugang besondere allgemeine Voraussetzungen, wie etwa ein bestimmtes Mindestalter, erfüllt sein müssen, ein Eintrittspreis zu errichten ist oder die Öffnung nur zu bestimmten Zeiten erfolgt. Zu den öffentlich zugänglichen Räumen gehören neben öffentlichen Verkehrsflächen beispielsweise Ausstellungsräume eines Museums, Verkaufsräume, Schalterhallen, Tankstellen, Biergärten, öffentliche Parkhäuser, Gasträume von Gaststätten oder Hotelfoyers [OH_Video].

Moderne Videoüberwachungssysteme sind in der Lage, die erfassten Bilddaten automatisiert zu bearbeiten. So können öffentlich zugängliche Bereiche, etwa hinter Gebäudeecken oder auf Parkplätzen, digital ausmaskiert werden. Die ausmaskierten Bereiche werden dann nicht mit erfasst.

Ebenso ist es möglich, die Umrisse und Texturen von erfassten Personen automatisiert zu erkennen und vor der Anzeige datenschutzkonform vorzuverarbeiten, etwa durch eine Verschleierung oder Verschlüsselung der Texturen von Personen oder Gesichtern. Der Kontrolleur erkennt danach lediglich die Umrisse der erfassten Personen und kann deren Verhalten kontrollieren, ohne Rückschlüsse auf die betroffenen Personen selbst ziehen zu können (sofern die Verschleierung hierzu ausreichend dimensioniert ist, vgl. Abbildung 5).

Ergibt sich durch die Beobachtung ein konkreter Tatverdacht, etwa bei Diebstahl oder Manipulation an Türen oder Geräten, so können die Texturdaten nachträglich, vorzugsweise im 4-Augenprinzip, wiederhergestellt werden.

Eine Verschleierung wird bereits in [OH_Video] als Maßnahme zur Datenvermeidung beschrieben:

Unter dem Aspekt der Datenvermeidung und Datensparsamkeit ist weiterhin zu prüfen, ob durch den Einsatz spezieller Technik bestimmte Bereiche des Aufnahmefeldes ausgeblendet oder die Gesichter der sich in diesen Bereichen aufhaltenden Personen „verschleiert" werden können.

Die folgende Abbildung zeigt die in [MartinPlataniotis 2008] beschriebene prinzipielle Vorgehensweise. Aus Gründen des Persönlichkeitsrechts der auf den Originalbilder dargestellten Person hat der Autor mit Hilfe eines Bildverarbeitungsprogramms eine passende Bildfolge von sich selbst erstellt (Quelle: Der Autor). Gut zu erkennen ist der Unterschied, ob lediglich das Gesicht oder aber die gesamte Körpertextur verschlüsselt wird (in Abbildung 5 durch optisches Rauschen exemplarisch dargestellt).

Der Wiedererkennungswert einer nur teilweise verschlüsselten Körpertextur wird offenkundig, zumindest wenn man die betreffende Person kennt. Ebenso, wie man Bekannte bereits von Ferne an Körpersilhouette und Gang sofort erkennt.

Abbildung 5: Originalbild (links) und teilverschlüsselte Bilder (Mitte, rechts)

4.7 Auswirkungen des Privacy by Design

Das Prinzip des Privacy by Design hat Auswirkungen auf die Art und Weise, wie Datenschutz verstanden und umgesetzt wird, sowohl innerhalb der verantwortlichen Stelle als auch in ihrem Außenbild

Die folgende Aufzählung fasst die wesentlichen Auswirkungen auf die Ausgestaltung des Datenschutzes zusammen:

1. *Berücksichtigung des Datenschutzes von Beginn an*
   Gemeinsame Verständigung des Projektteams auf eine datenschutzkonforme Lösung unter Einsatz der Prinzipien Privacy by Design und Privacy by Default.

2. *Festlegung des Verarbeitungszwecks*
   Beschreibung der primären Ziele des Informationssystems unter Berücksichtigung der informationellen Persönlichkeitsrechte der Betroffenen.

3. *Minimierung der Erfassung und der Nutzung pb Daten*
   Vermeidung der unnötigen Weitergabe, des unnötig langen Vorhaltens und unnötiger Nutzung personenbezogener Daten.

4. *Transparenz / Information und Auskunft*
   Einrichten von Auskunftssystemen für die Betroffenen, vorzugsweise durch die Gewährung eines direkten Zugriff auf die personenbezogenen Daten durch die Betroffenen selbst. Offene Darstellung der erhobenen und genutzten personenbezogenen Daten, detaillierte Darstellung aller Nutzungszwecke.

5. *Risikobasierte Schutzmaßnahmen*
   Verbesserung des Schutzes personenbezogener Daten über deren gesamten Lebenszyklus (durchgängige Sicherheit) durch angemessene und wirksame technische und organisatorische Schutzmaßnahmen. Ableitung der erforderlichen Maßnahmen aus einer Risikoanalyse bzw.

Datenschutzfolgeabschätzung (Privacy Impact Analysis, PIA). Anwendung der Privacy Enhancing Technology.

6. *Direkte Teilhabe am Datenmanagement*
   Teilhabe der Betroffenen an der Steuerung und Kontrolle des Datenflusses im Informationssystem, wenn dieser über das erforderliche Minimum hinausgeht.

5 Die übergeordnete Datenschutzstrategie

Die EU-Datenschutzgrundverordnung verlangt von der verantwortlichen Stelle die Integration des Datenschutzes in die Aufbau- und Ablauforganisation.

Die grundlegenden Prinzipien des Datenschutzes durch Technik (vgl. Abschnitt 4) sind in allen einschlägigen, d.h. mit personenbezogenen Daten verbundenen, Geschäftsprozessen zu berücksichtigen.

Diese Integration geht über die Betrachtung einzelner Verfahren hinaus und sollte daher in einem separaten Dokument beschrieben werden, der *internen Datenschutzstrategie* der verantwortlichen Stelle.

Bei der Formulierung der Datenschutzstrategie kann die Struktur einer IT-Sicherheitspolitik nach ISO 27000 Orientierung bieten.

Bei der Formulierung der Datenschutzstrategie gilt es, Arbeitsweise und „Firmenkultur“ der verantwortlichen Stelle zu berücksichtigen:

- Bei einer ausgeprägten organisatorischen Hierarchie ist strikt auf eine Top-down Vorgehensweise zu achten wie sie im Abschnitt 3.9 beschrieben ist.
- Bei projektbezogener Arbeitsweise ist hingegen in den meisten Fällen eine wohlwollende Bekräftigung einer teamorientierten und selbstorganisierten Vorgehensweise ausreichend.

Die Datenschutzstrategie beschreibt zunächst den Stellenwert und die die allgemeine Zielstellung des Datenschutzes bei der verantwortlichen Stelle und beschreibt danach die Verantwortlichkeit für die Umsetzung dieser Strategie.

Inhaltlich kann die Datenschutzstrategie an den Inhalt der IT-Sicherheitspolitik nach ISO 27001 und ISO 27002 angelehnt werden. Details hierzu finden sich in Abschnitt 5.1 der ISO 27002 (Best Practice).

Demnach sollte Datenschutzstrategie / Datenschutzkonzept zumindest aus folgenden Teilen bestehen:

- *Stellenwert und Zielstellung* des Datenschutzes, z.B. Schutz von besonders schützenswerten personenbezogenen Daten, z.B. Gesundheitsdaten, Finanzdaten, Wettbewerbsvorteile durch Vertrauensgewinn bei den Kunden, Schutz der Mitarbeitenden.
- Aufbau einer effektiven *Datenschutzorganisation*: Regelung der Verantwortung für den Datenschutz innerhalb der Aufbauorganisation, u.a. Datenschutzbeauftragte/r, Datenschutzkoordinatoren.
- *Einbettung des Datenschutzes in die Ablauforganisation*, d.h. in die innerbetrieblichen Abläufe der verantwortlichen Stelle, z.B. Hinzuziehen von Datenschutzbeauftragten / -koordinatoren in Projekte, Beteiligung in Freigabeprozessen und im Compliance.
- *Verankerung der Datenschutzprinzipien*: Bekenntnis der Unternehmensleitung zur Einhaltung der Prinzipien Privacy by Design und Privacy by Default bei der Entwicklung neuer Systeme, Verfahren und Produkte.
- *Dokumentation*: Aufforderung aller System-, Verfahrens- und Prozessverantwortlichen zur aktiven Mitarbeit an der datenschutzrechtlich erforderlichen Dokumentation, insbesondere am Verfahrensverzeichnis und den verfahrensspezifischen Datenschutzinformationen (z.B. separat für Mitarbeitende und Kunden).

- *Risikoorientierte Auswahl* der Schutzmaßnahmen
  Art und Umfang der erforderlichen Schutzmaßnahmen ermessen sich aus dem Schutzbedarf der Werte, d.h. im Datenschutz primär der erhobenen, gespeicherten und verarbeiteten personenbezogenen Daten. Bei erkennbar hohen Risiken ist eine Datenschutz-Folgeabschätzung unabdingbar; bei unvermindert hohen Risiken ist die Datenschutzaufsicht zu konsultieren.

- Hilfreich ist auch, bereits in der Datenschutzstrategie, *allgemeine Leitsätze des Datenschutzes* zu formulieren, optimal als direkter Auftrag der Leitungsebene. Beispiele sind „Verantwortungsvolles Handeln und Compliance“, „Datensparsamkeit und Vertraulichkeit“, „Gemeinsame Verantwortung“.

6 Einführung in das IT-Risikomanagement

Das Risikomanagement beschäftigt sich mit der Identifikation, Analyse, Dokumentation und die Behandlung von Risiken. Ziel des Risikomanagements ist es, das stets verbleibende Restrisiko durch Umsetzung angemessener technischer und organisatorischer Schutzmaßnahmen auf ein akzeptables Maß zu verringern und neue Risiken rechtzeitig in die Betrachtung mit einzubeziehen.

Über die im Datenschutzrecht verankerten technisch-organisatorischen Schutzmaßnahmen besteht eine enge Verbindung zwischen dem Datenschutz und dem Risikomanagement.

Ein Risikomanagement, welches den Datenschutz integriert, liefert ein nachvollziehbares Maß für die Angemessenheit der implementierten Schutzmaßnahmen, deckt potenzielle Defizite auf und ermöglicht es, Investitionen in die Datensicherheit zu fokussieren.

Datenschutzrechtlich war die Umsetzung eines expliziten Risikomanagements vor der Zeit der EU-Datenschutzgrundverordnung nur indirekt erforderlich, jedoch bestand schon damals für viele Unternehmen eine gesetzliche Anforderung zum Aufbau eines Risikomanagements, u.a. für Aktiengesellschaften das Überwachungssystem zur Früherkennung bestandsgefährdender Risiken (§ 91 Abs. 2 AktG), für GmbHs die Sorgfaltspflichten der Geschäftsführung (§ 43 GmbHG), der Corporate Governance Kodex für Aufsichtsräte, sowie branchenspezifische Anforderungen wie KonTraG, Basel II und III, MaRisk, usw.

Aufbau und Betrieb eines Risikomanagementsystems sind unter anderem im Standard ISO 27005 beschrieben, ein vereinfachter Ansatz findet sich im Standard BSI 100-3 des Bundesamtes für Sicherheit in der Informationstechnik [BSI 100-3].

Spätestens mit Inkrafttreten der EU-Datenschutzgrundverordnung wird die risikoorientierte Auswahl angemessener Schutzmaßnahmen verpflichtend.

Das *Ulmer Modell des IT-Risikomanagements* beschreibt eine effektive und zugleich effiziente Vorgehensweise, um Datenschutz risikoorientiert zu betreiben.

Wenngleich es sich um ein sehr einfaches Modell handelt, so folgt es doch dem prinzipiellen Ansatz der Standardfamilien ISO 9000 zum Qualitätsmanagement und ISO 27000 zum Informationssicherheitsmanagement und ist damit kompatibel zu den Standards BSI 101 bis BSI-103.

Die folgenden Unterabschnitte führen kurz und knapp in die Vorgehensweise des -Risikomanagements im Allgemeinen und in die Spezifika des vereinfachten Ansatzes nach dem Ulmer Modell ein.

Die beschriebene Vorgehensweise stellt die Basis dar für die folgende Beschreibung des so genannten *„Verfahrensverzeichnisses 2.0“*.

Weitere Details finden sich in [Schäffter 2015a] und [Schäffter 2015b], ein erster Ansatz wurde bereits in [LanwehrSchäffter 2014] beschrieben.

6.1 Begriffsbestimmungen

Grundlegend für das IT-Risikomanagement sind folgende Grundbegriffe:

1. *(Potenzielle) Bedrohung*
   Eine Bedrohung beschreibt eine Möglichkeit, dass ein Schaden potenziell entstehen kann.

2. *(Technische oder organisatorische) Maßnahmen*
   Technische oder organisatorische Vorkehrungen zur

Verhinderung potenzieller Schäden oder zur oder Verminderung deren negativen Auswirkungen.

3. *Schutzkonzept / Sicherheitskonzept*
   Die Gesamtheit aller technischen und organisatorischen Schutzmaßnahmen.

4. *Schwachstellen (im Schutz- oder Sicherheitskonzept)*
   Lücken in der vollständigen Umsetzung von Schutzmaßnahmen oder das Fehlen von adäquaten Schutzmaßnahmen.

5. *Angriffsvektor / konkrete Gefahr*
   Ein Angriffsvektor ist eine konkrete Beschreibung, wie sich eine abstrakte Bedrohung durch das Ausnutzen einer oder mehrerer Schwachstellen zu einer konkreten Gefahr entwickelt.

   Konkrete Gefahr = Potenzielle Bedrohung + Schwachstelle im Schutzkonzept

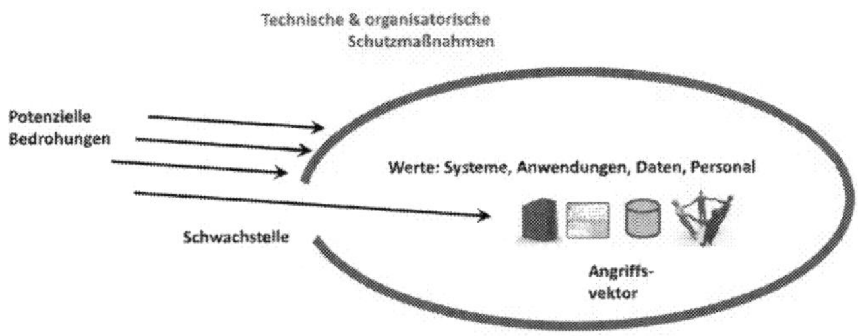

Abbildung 6: Grundbegriffe des IT-Risikomanagements

Hinzu kommen auf diesen Grundbegriffen aufbauende Begriffe:

6. *Risiko*
   Ein Risiko ist die Abschätzung einer konkreten Gefahr.

   Risiko = Eintrittswahrscheinlichkeit der Gefahr multipliziert mit dem Schadenspotenzial der Gefahr

7. Risikomatrix
   Risiken können gemäß ihrer Eintrittswahrscheinlichkeit und ihres Schadenspotenzials in eine Matrix eingetragen werden.
8. *Restrisiko*
   Risiko unter Berücksichtigung aller (zu einem bestimmten Zeitpunkt) umgesetzten Schutzmaßnahmen.
9. *Risikopolitik*
   Beschreibung eines Maßes für die maximal zu akzeptierenden Restrisiken, z.B. maximale Einzelrisiken von 10T€ p.a.

6.2 Vereinfachtes Vorgehen (Ulmer Modell)

Das Vorgehensmodell zur Durchführung einer vereinfachten Risikoanalyse nach dem Ulmer Modell besteht aus den folgenden Teilschritten.

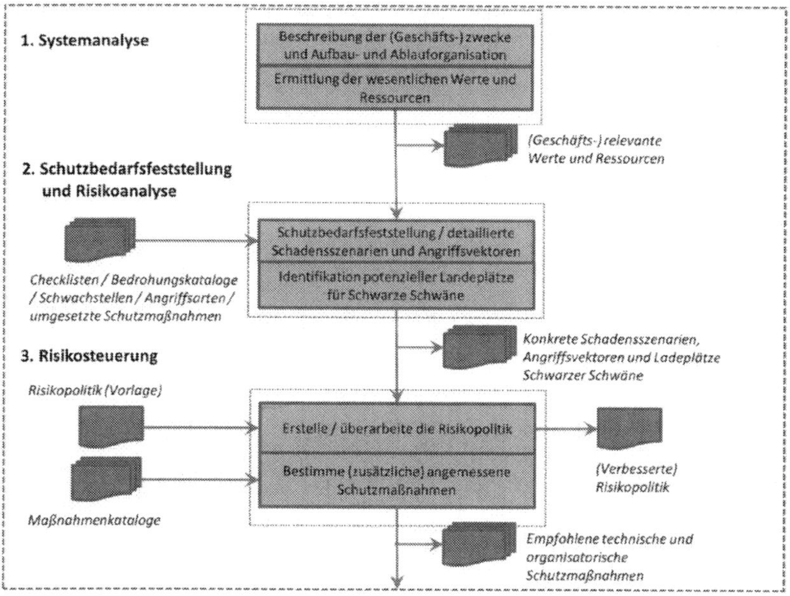

Abbildung 7: Vorgehensweise IT-Risikomanagement (Ulmer Modell)

1. *Systembeschreibung*
   Basierend auf einer Verfahrensliste, einer Beschreibung der Aufbauorganisation oder einem vereinfachten Modell der wesentlichen Geschäftsmodelle (empfehlenswert!) werden die für die verantwortlichen Stelle wesentlichen / geschäftsrelevanten Werte und Ressourcen ermittelt. Dabei sind mindestens Systeme, Anwendungen, Daten und Personal zu berücksichtigen.

2. *Schutzbedarfsfeststellung und Risikoanalyse*
   Für die ermittelten Werte wird zunächst der Schutzbedarf als eine Abschätzung des maximalen Schadenspotenzials bestimmt, unabhängig von der Eintrittswahrscheinlichkeit eines entsprechenden Schadens.

   Für Werte, die dabei einen vorgegebenen *Schwellwert* überschreiten, wird im Anschluss eine detaillierte Risikoanalyse durchgeführt. Dabei werden Bedrohungen, Schutzmaßnahmen und Schwachstellen detaillierter betrachtet und aus diesen konkrete *Schadensszenarien* bzw. *Angriffsvektoren* ableitet.

   Sinnvollerweise wird eine solche detaillierte Risikoanalyse ergänzt um eine Suche nach Landeplätzen *Schwarzer Schwäne* (vgl. [Taleb 2007] und [Taleb 2014]), d.h. nach Risiken, die schwer vorhersehbar sind, aber bei Eintritt dramatische Auswirkungen zeitigen.

3. *Risiken steuern / Risikobehandlung*
   Basierend auf einer einfachen Risikopolitik wird ein Plan zur angemessenen Risikobehandlung erstellt. Für jedes identifizierte Risikoszenario werden Vorschläge zur adäquaten Risikobehandlung ausgearbeitet, z.B. durch Vermeidung, Verringerung der Wahrscheinlichkeit des Eintritts, Begrenzung des Schadens, Transfer des Schadens oder durch Akzeptanz des Risikos. Für den Fall einer

Verringerung der Eintrittswahrscheinlichkeit oder einer Begrenzung des Schadenspotenzials sind ergänzende Schutzmaßnahmen vorzuschlagen.

6.2.1 Systembeschreibung

Bei der Systembeschreibung geht es primär darum, die wesentlichen Werte, d.h. „Assets“ gemäß [ISO 27001], zu identifizieren.

Dazu ist es erforderlich, die Organisation der verantwortlichen Stelle zu betrachten. Eine (zumindest rudimentäre) Beschreibung der Geschäftsprozesse ist zur Werteermittlung sehr hilfreich, ersatzweise kann die Aufbauorganisation herangezogen werden.

Eine solche organisationstheoretische Herangehensweise stellt sicher, dass die wesentlichen Werte in die Betrachtung einfließen. Insbesondere sind zu betrachten:

- Systeme
- Verfahren / Software
- Daten
- Mitarbeiter / Know-how

Bei der datenschutzrechtlichen Betrachtung liegt der Fokus primär auf den personenbezogenen Daten und der anschließende Schutzbedarf bezieht sich primär auf den Schutzbedarf der betroffenen Personen – und nicht der der verantwortlichen Stelle!

6.2.2 Schutzbedarfsfeststellung und Risikoanalyse

Die Risikoanalyse erfolgt in zwei Teilschritten:

- Zunächst wird im Rahmen einer *Schutzbedarfsfeststellung* für die relevanten Werte eine initiale und eindimensionale Risikoanalysevorgenommen;

- In einem zweiten Schritt wird für die als kritisch erkannten Werte eine detaillierte Risikoanalyse durchgeführt.

1. Schritt: Schutzbedarfsfeststellung

Bei der Feststellung des Schutzbedarfs wird das Schadenspotenzial abgeschätzt, welches mit einer möglichen Kompromittierung der Schutzziele Verfügbarkeit, Vertraulichkeit und Integrität verbunden ist. Insofern handelt es sich bei der Schutzbedarfsfeststellung um eine vereinfachte (eine eindimensionale) Risikoanalyse.

Das BSI beschreibt in den IT-Grundschutzkatalogen die folgenden Schutzbedarfskategorien für die Einstufung personenbezogener Daten in die Kategorien „normal", „hoch" und „sehr hoch" (3-Stufen-Modell):

- *Normal*
  Die Schadensauswirkungen sind begrenzt und überschaubar.Es handelt sich um personenbezogene Daten, durch deren Verarbeitung der Betroffene in seiner gesellschaftlichen Stellung oder in seinen wirtschaftlichen Verhältnissen beeinträchtigt werden kann.

- *Hoch*
  Die Schadensauswirkungen können beträchtlich sein. Es handelt sich um personenbezogene Daten, bei deren Verarbeitung der Betroffene in seiner gesellschaftlichen Stellung oder in seinen wirtschaftlichen Verhältnissen erheblich beeinträchtigt werden kann.

- *Sehr hoch*
  Die Schadensauswirkungen können ein existentiell bedrohliches, katastrophales Ausmaß erreichen. Es handelt sich um personenbezogene Daten, bei deren Verarbeitung eine Gefahr für Leib und Leben oder die persönliche Freiheit des Betroffenen gegeben ist.

Ein auf hierauf aufbauendes, 5-stufiges Klassifikationsschema (Schutzstufenmodell) beschreibt der Landesbeauftragte für Datenschutz in Niedersachsen [LfD-NDS 2010]:

- *Stufe A: Frei zugängliche Daten*
  Personenbezogen Daten, in die Einsicht gewährt wird, ohne dass der Einsichtnehmende ein berechtigtes Interesse geltend machen muss, z.B. Daten, die die verantwortliche Stelle im Internet oder in Broschüren veröffentlicht bzw. aus öffentlich zugänglichen Quellen erlangt hat.

- *Stufe B: Berechtigtes Schutzinteresse*
  Personenbezogene Daten, deren Missbrauch zwar keine besondere Beeinträchtigung erwarten lässt, deren Kenntnisnahme jedoch an ein berechtigtes Interesse des Einsichtnehmenden gebunden ist, z.B. interne Telefon-Durchwahlnummern, interne Zuständigkeiten. (Diese Stufe fehlt i.d.R. beim 4-Stufen-Modell.)

- *Stufe C: Erhöhtes Schutzinteresse*
  Personenbezogene Daten, deren Missbrauch den Betroffenen in seiner gesellschaftlichen Stellung oder in seinen wirtschaftlichen Verhältnissen beeinträchtigen kann (Stichwort: Beeinträchtigung des Ansehens), z.B. Daten über Vertragsbeziehungen, Höhe des Einkommens, etwaige Sozialleistungen, Ordnungswidrigkeiten.

- *Stufe D: Erhebliches Schutzinteresse*
  Personenbezogene Daten, deren Missbrauch die gesellschaftliche Stellung oder die wirtschaftlichen Verhältnisse des Betroffenen erheblich beeinträchtigen kann (Stichwort: soziale Existenz), z.B. Gesundheitsdaten, Schulden, Pfändungen, Insolvenzen, Straffälligkeit (sofern nicht in öffentlich berichtet), dienstliche Beurteilungen, psychologisch-medizinische Untersuchungsergebnisse.

- *Stufe E: Existenzielles Schutzinteresse*
  Personenbezogene Daten, deren Missbrauch Gesundheit, Leben oder Freiheit des Betroffenen beeinträchtigen kann (Stichwort: physische Existenz), z.B. Adressen von verdeckten Ermittlern, Adressen von Personen, die mögliche Opfer einer Straftat sein können.

2. Schritt: Detaillierte Risikoanalyse

Die Identifikation von Risiken kann auf unterschiedliche Arten geschehen. Eine typische Methode ist die Anwendung eines branchenspezifischen Bedrohungskatalogs.

Die folgenden Tabellen geben einen Überblick über die generische Struktur eines solchen Bedrohungskatalogs. Grundlage für die weitere Verfeinerung und Detaillierung eines Bedrohungskatalogs können die IT-Grundschutzkataloge des Bundesamtes für Sicherheit in der Informationstechnik sein. Vgl. [BSI-GSK].

Technische Bedrohungen sind etwa der Ausfall der Stromversorgung eines IT-Systems oder der physikalische Defekt einer Festplatte.

Technische Bedrohungen / IT-Infrastruktur
• Hardwarefehler • Softwarefehler • Ausfall Kühlung • Stromausfall • Feuer-Fehlalarm • Offene Türen etc.

Tabelle 2:Generische Bedrohungen: Technik und Infrastruktur

Menschliche Bedrohungen können sich aus einem Fehlverhalten (etwa: die defekte Festplatte in einem RAID-Verbund wird nicht zeitnah gewechselt) oder aus vorsätzlichem Handeln (etwa: ein Vertriebsmitarbeiter entwendet Kundendaten).

Menschliche Bedrohungen	
Intern (Mitarbeitende, Partner)	Extern (Hacker & Co.)
• Betrug • Diebstahl • Sabotage • Versagen • Krankheit • Fluktuation etc.	• Viren • Hacker • Spionage • Spammer • Sabotage • Vandalismus etc.

Tabelle 3:Generische Bedrohungen: Mensch

Höhere Gewalt	
Ereignisse	Katastrophen
• Kälte, Frost • Hitzewellen • Unwetter • Blitzschlag • Hochwasser etc.	• Feuer • Wasser • Erdbeben • Flugzeugabsturz • Krieg, Unruhen etc.

Tabelle 4:Generische Bedrohungen: Höhere Gewalt

Aus diesen eher abstrakten Bedrohungen wird ein Risiko, sobald eine Schwachstelle identifiziert wird, welche das Eintreten der Bedrohung plausibel macht.

Risiko = Bedrohung + Schwachstelle

Um zu belastbaren Aussagen zu kommen, ist es ratsam, *konkrete Schadensszenarien* zu entwickeln. Das folgende Beispiel stellt die Vorgehensweise exemplarisch dar.

RAID-System: Die Festplatte eines RAID-Systems (Verbundsystem redundanter Festplatten) fällt aus. Aus Unachtsamkeit wird diese durch die IT-Administration über mehrere Tage hinweg nicht ersetzt. Während dieses Zeitraums fällt eine weitere Festplatte aus. Alle noch nicht gesicherten Daten gehen dadurch verloren. Das Einspielen der letzten Datensicherung benötigt 6 Stunden, danach müssen die seit der letzten Datensicherung in das System eingebrachten Daten manuell nachgetragen werden, was weitere 5 Arbeitstage benötigt. Während dieser Zeit können die betroffenen IT-Verfahren nicht genutzt werden.

Jedes Schadensszenario mündet in mindestens ein konkretes Risiko, etwa dass ein Verfahren temporär oder permanent nicht mehr zur Verfügung steht (Kompromittierung der Verfügbarkeit) oder dass vertrauliche Daten Dritten zugänglich werden.

Die einzelnen Risiken werden bezüglich ihres individuellen Schadenspotenzials und Eintrittsplausibilität bewertet.

*Risiko = Schadenspotenzial * Eintrittsplausibilität*

Da eine quantitative Bewertung dieser beiden Faktoren in der Praxis nur schwer möglich ist (es fehlt u.a. an langfristigen Erfahrungen in der sehr schnelllebigen IT-Welt), ist es sinnvoll, eine *qualitative Analyse* durchzuführen, etwa auf Basis des folgenden Klassifikationsschemas:

Kategorie	Schadenspotenzial	Eintrittsplausibilität
sehr hoch	Existenzbedrohend: Der Fortbestand der verantwortlichen Stelle ist gefährdet.	Ein plausibles Szenario für einen Schadenseintritt ist beschreibbar.
hoch	Schwerwiegende Auswirkungen sind zu erwarten.	Ein Eintritt ist prinzipiell denkbar, aber unwahrscheinlich.

Kategorie	Schadenspotenzial	Eintrittsplausibilität
mittel	Spürbare, aber (insb. finanziell) tragbare Auswirkungen.	Eintritt nur durch Verkettung unglücklicher Umstände denkbar.
niedrig	Vernachlässigbare Auswirkungen	Kein Eintrittsszenario erkennbar.

Tabelle 5:Vierstufiges Klassifikationsschema

Die einzelnen Klassen sind so gewählt, dass die Einstufung eines Risikos anhand des zugrundeliegenden konkreten Schadensszenarios vergleichsweise einfach möglich ist. Herrscht Unsicherheit bezüglich der Einstufung, so sollte die höhere Klasse gewählt werden (safety first).

Aus der qualitativen Einschätzung der Risiken ergibt sich eine Risikomatrix, in welche die Einzelrisiken übersichtlich eingeordnet sind.

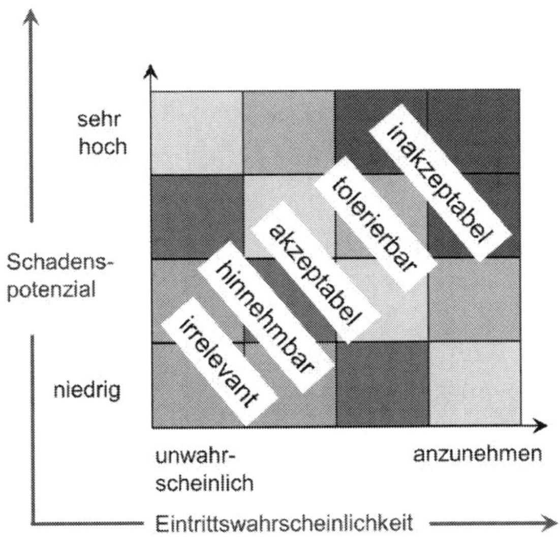

Abbildung 8: Typische Risikomatrix

In der Risikomatrix sind alle Risiken, die sich im unteren linken Bereich befinden, als unkritisch anzusehen. Handlungsbedarf erzwingen die Risiken im oberen rechten Bereich: Diese Risiken sind schwerwiegend und treten voraussichtlich regelmäßig auf. Hier ist das Risiko zwingend zu verringern, sind zusätzliche technische und organisatorische Schutzmaßnahmen zu planen und umzusetzen.

6.2.3 Risiken quantifizieren

Die angegebenen qualitativen Einschätzungen lassen sich wie folgt für einzelne verantwortliche Stellen quantifizieren:

Schadenspotenzial in Euro

- Ein schwerwiegender finanzieller Schaden kann etwa in Höhe der aktuellen liquiden Mittel, ggf. zzgl. der zur Verfügung stehenden Kreditlinien, oder anhand des Jahresgewinns vor Steuern festgelegt werden.
- Nach oben oder unten wird dann mit dem Faktor 10 erhöht bzw. um 1/10 verringert.

Eintrittsplausibilität als Wahrscheinlichkeitswert

- Da die IT-Infrastruktur in den seltensten Fällen länger als 10 Jahre Bestand hat (Hardwarewechsel, Releasewechsel, Softwareupdates), ist es als unwahrscheinlich anzusehen, dass ein Schadenseintritt alle 10 Jahre tatsächlich zu einem realen Schaden führen wird.
  Mithin kann eine niedrige Eintrittsplausibilität mit einem Schadenseintritt alle 10 Jahre oder einer Eintrittswahrscheinlichkeit von 0,10 p.a. quantifiziert werden.
- Nach oben werden die Klassen in entsprechend großen Schritten quantifiziert.

Dies führt zu der folgenden Quantifizierung der Schadensklassen:

Kategorie	Schadenspotenzial	Eintrittsplausibilität
sehr hoch	N * 10 (Euro)	jedes Jahr (1,0)
hoch	N = Liquidität (Euro)	alle 2-3 Jahre (0,5)
mittel	N / 10 (Euro)	alle 3-5 Jahre (0,25)
niedrig	N / 100 (Euro)	alle 10 Jahre (0,10)

Tabelle 6:Quantifizierung der Risikoklassen

6.2.4 Risiken steuern

Die Feststellung der Kritikalität gibt direkten Aufschluss darüber, für welche Datenkategorien besondere Risiken bestehen. Der logisch nächste Schritt besteht nun darin, diese Risiken aktiv zu steuern.

Aus der Risikomatrix ergeben sich Risiken mit akutem Handlungsbedarf (hohes bis sehr hohes Schadenpotenzial bei anzunehmendem Eintritt). Diese Risiken müssen durch angemessene und wirksame Maßnahmen in ihrem Potenzial reduziert werden. Möglich sind Maßnahmen, welche die Eintrittswahrscheinlichkeit reduzieren und/oder das Schadenspotenzial.

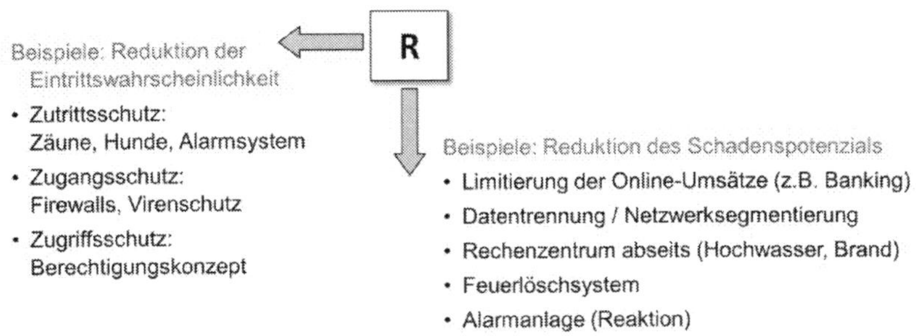

Abbildung 9: Beispiele für risikomindernde Maßnahmen

Mit Risiken kann prinzipiell auf unterschiedliche Weise umgegangen werden:

- *Risikovermeidung*
  Das Risiko wird umgangen, etwa durch Datenvermeidung (z.B. von besonderen Arten personenbezogener Daten) oder Pseudonymisierung oder durch Verzicht auf neue Verfahren und Systeme.

- *Risikoreduktion*
  Das Risiko wird durch geeignete zusätzliche Schutzmaßnahmen oder durch Umstrukturierung soweit verringert, dass das verbleibende Restrisiko akzeptiert werden kann.

- *Risikotransfer*
  Das Risiko wird übertragen, z.B. an die Kunden oder an ein Versicherungsunternehmen.

- *Risikoakzeptanz*
  Das Risiko, bzw. das verbleibende Rest-Risiko, wird ohne weitere Maßnahmen zur Reduktion akzeptiert.

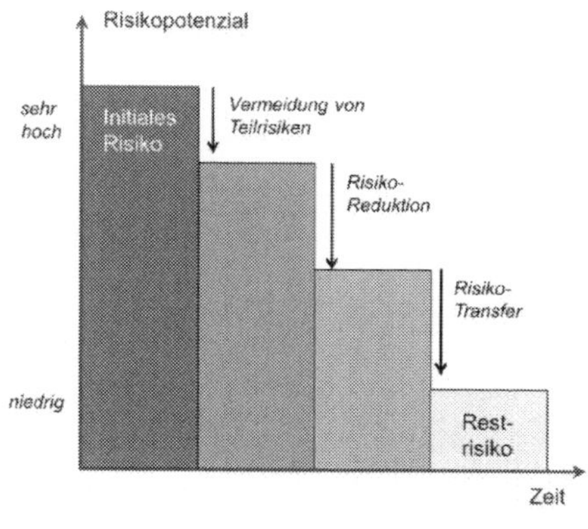

Abbildung 10: Alternativen der Risikosteuerung

Eine weitergehende Beschreibung liefern bei Bedarf die Standards ISO/IEC 27005 sowie BSI 100-3.

7 EU-konformes Verzeichnis effizient erstellen

In diesem Abschnitt werden nun die vorangehenden Betrachtungen zum EU-konformen Datenschutz und zum IT-Risikomanagement zusammengeführt.

Es folgt eine Anleitung zur effizienten Informationsgewinnung und zur effektiven Erstellung der datenschutzrechtlichen Dokumentation.

7.1 Zielstellung und Vorgehensweise

Eine gute Datenschutzdokumentation setzt eine engmaschige Vernetzung der/des Datenschutzmanagerin/s voraus. Die Erstellung des Verfahrensverzeichnisses erfordert Teamarbeit und stellt eine gute Gelegenheit dar, die Bedeutung des Datenschutzes innerhalb der verantwortlichen Stelle zu diskutieren und in Form einer *Datenschutzstrategie* und, daraus abgeleitet, einer *Datenschutzerklärung* für Mitarbeitende und Kunden zu beschreiben.

Die Datenschutzdokumentation sollte – zumindest – aus folgenden Bestandteilen bestehen:

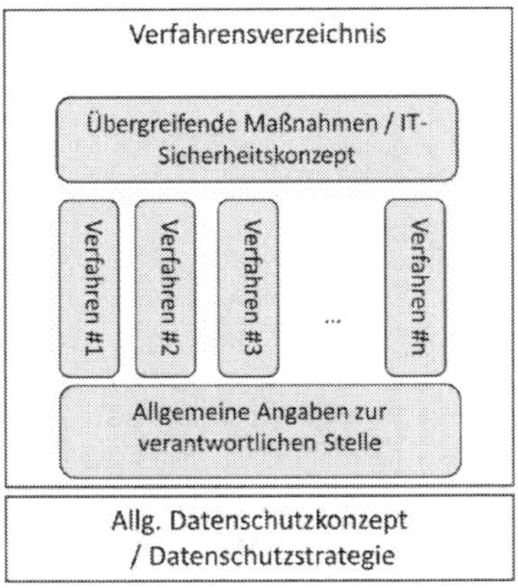

Abbildung 11: Zentrale Datenschutzdokumentation (Bottom-Up)

Ergänzt werden die genannten zentralen Dokumente durch die Tätigkeitsberichte des/der Datenschutzbeauftragten, Handlungsanweisungen, datenschutzrelevante Betriebsvereinbarungen usw.

Bei der Erstellung der Dokumentation gilt es, die Arbeitsweise und die „Firmenkultur" der verantwortlichen Stelle zu berücksichtigen:

- Bei einer ausgeprägten organisatorischen Hierarchie ist strikt auf eine Top-down Vorgehensweise zu achten wie sie im Abschnitt 3.9 beschrieben ist.
- Bei projektbezogener Arbeitsweise ist hingegen in den meisten Fällen eine wohlwollende Bekräftigung einer teamorientierten und selbstorganisierten Vorgehensweise ausreichend.

7.2 Datenschutzstrategie / Datenschutzkonzept

Die *Datenschutzstrategie* (alternativ eignet sich der Name *Datenschutzkonzept*) beschreibt sowohl den Stellenwert und die Zielstellung des Datenschutzes als auch die Aufbauorganisation des Datenschutzes in der verantwortlichen Stelle.

Inhaltlich sollte Datenschutzstrategie / Datenschutzkonzept zumindest folgende Beschreibungen enthalten:

- *Stellenwert und Zielstellung* des Datenschutzes festlegen, z.B. Hervorheben des Schutzes von besonders schützenswerten personenbezogenen Daten, z.B. Gesundheitsdaten, Finanzdaten, Wettbewerbsvorteile durch Vertrauensgewinn bei den Kunden, Schutz der Mitarbeitenden.
- Aufbau einer *Datenschutzorganisation*
  Regelung der Verantwortung für den Datenschutz innerhalb der Aufbauorganisation, u.a. Datenschutzbeauftragte/r, Datenschutzkoordinatoren.

- *Einbettung in die Ablauforganisation*, d.h. Integration des Datenschutzes in die innerbetrieblichen Abläufe, u.a. durch Hinzuziehen von Datenschutzbeauftragten / -koordinatoren in Projekte, Beteiligung in Freigabeprozessen und im Compliance.
- *Verankerung der Datenschutzprinzipien*
  Bekenntnis der Unternehmensleitung zur Einhaltung der Prinzipien Privacy by Design und Privacy by Default bei der Entwicklung neuer Systeme, Verfahren und Produkte.
- *Aufforderung zur Dokumentation*
  Aufforderung aller System-, Verfahrens- und Prozessverantwortlichen zur aktiven Mitarbeit an der datenschutzrechtlich erforderlichen Dokumentation, insbesondere am Verfahrensverzeichnis und den verfahrensspezifischen Datenschutzinformationen (z.B. separat für Mitarbeitende und Kunden).
- *Risikoorientierte Auswahl* der Schutzmaßnahmen
  Art und Umfang der erforderlichen Schutzmaßnahmen ermessen sich aus dem Schutzbedarf der Werte, d.h. im Datenschutz primär der erhobenen, gespeicherten und verarbeiteten personenbezogenen Daten. Bei erkennbar hohen Risiken ist eine Datenschutz-Folgeabschätzung unabdingbar; bei unvermindert hohen Risiken ist die Datenschutzaufsicht zu konsultieren.
- Hilfreich ist auch, bereits in der Datenschutzstrategie *allgemeine Leitsätze des Datenschutzes* zu formulieren, als Auftrag seitens der Leitungsebene. Beispiele sind „Verantwortungsvolles Handeln und Compliance“, „Datensparsamkeit und Vertraulichkeit“, „Gemeinsame Verantwortung“.

7.3 Allgemeine Angaben zur verantwortlichen Stelle

Der verfahrensübergreifende Teil des Verzeichnisses der Verarbeitungstätigkeiten enthält die gesetzlich vorgeschriebenen Angaben zur verantwortlichen Stelle.

In Konzernen und Unternehmensgruppen kann es schwierig sein, die einzelnen verantwortlichen Stellen zu benennen; in den meisten Fällen jedoch genügt ein Blick in das Impressum der Website, vgl. Impressumspflicht gemäß § 6 Telemediengesetz, oder auf den vorgedruckten Briefbogen für die Geschäftskorrespondenz.

Die vorgeschlagene Struktur des Verzeichnisses (vgl. Abbildung 3) ermöglicht es, bei Bedarf unterschiedliche Verzeichnisse für die einzelnen, juristisch eigenständigen Unternehmen zu erstellen. In diesem Fall erhält jedes Unternehmen eigene allgemeine Angaben, gefolgt von den relevanten Verfahren für dieses Unternehmen.

7.4 Beschreibung der einzelnen Verfahren

Der Hauptteil des Verzeichnisses besteht aus detaillierten Angaben zu den einzelnen Verfahren, sofern diese personenbezogene Daten verarbeiten.

7.4.1 Dartscheibenmodell

Zur Identifikation der einzelnen Verfahren kann das folgende „Dartscheibenmodell“ verwendet werden. Dazu werden einzelne Stichworte gemäß ihrer Bedeutung bewertet und zueinander in Beziehung gesetzt.

Die Vorgehensweise ist wie folgt:

- Die einzelnen Stichworte werden zunächst entsprechend ihrer Bedeutung für die verantwortliche Stelle als Dartpfeile in einer Zielscheibe graphisch dargestellt (1= essentiell bis 4= begleitend).

- Stichworte, die zueinander in Beziehung stehen, werden der gleichen Zielscheibe zugeordnet, ansonsten werden separate Zielscheiben verwendet (Bildquelle Dartpfeil:: Dart.png, Bing, creative commons).

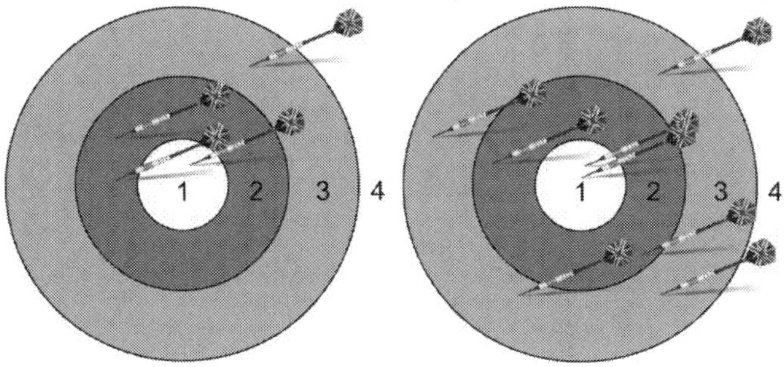

Abbildung 12: Prinzip des Dartscheibenmodells

Jede Zielscheibe entspricht später einem Verfahren, d.h. einem Paket aus eng zueinander in Beziehung stehender Verarbeitungen, vgl. Abschnitt 3.5.

In Zusammenarbeit mit den jeweils zuständigen Fachverantwortlichen ergibt sich in Teamarbeit vergleichsweise schnell ein Gesamtbild über zusammengehörige Verarbeitungen, bzw. Anlaufprozesse.

Welche Stichworte und Begriffe nun als Grundlage für eine Strukturanalyse nach dem Dartscheibenmodell verwendet werden, dies hängt ganz entscheidend von der verantwortlichen Stelle ab, von ihrer Aufbauorganisation sowie dem Dokumentationsgrad der Geschäftsprozesse.

Mögliche Ordnungskriterien sind:

Organisationseinheiten / Teams

- Vertrieb, Marketing

- Personalmanagement
- Forschung und Entwicklung

Aktivitäten

- Vertragsanbahnung: Ansprache potenzieller Kunden
- Vertragsabwicklung: Bearbeitung von Aufträgen, Erstellen von Rechnungen
- Kundenanalyse: Segmentierung des Kundenstamms nach Verhalten, Umsatz oder Umsatzpotenzial
- Cross-Selling: Angebot passender Produkte an Bestands- und Neukunden
- Personalakquise
- Personalentwicklung
- Schulungsmaßnahmen
- Produktentwicklung
- Friendly user Produkttests

Datenkategorien

- Stammdaten zu Endkunden: Name, Geschlecht/Anrede, Anschrift
- Vertragsdaten/Reaktionsdaten: Verträge, Einwilligungen Newsletter, Widerruf
- Daten zum Kaufverhalten / Umsatz
- Kaufhistorie: Bestellungen, gewählte Produkte, Umsätze
- Kreditwürdigkeit und Zahlungsverhalten
- Potenzialdaten
- Gehaltsdaten

- Kompetenzen und Fertigkeiten
- Zeiterfassungsdaten
- Elektronische Personalakte
- Daten des Betrieblichen Eingliederungsmanagements, BEM

Hinweis: Verwenden Sie nur dann eine gemeinsame Scheibe, wenn die jeweiligen Begriffe einen engen Bezug zueinander haben!

7.4.2 Verfahrensspezifische Angaben

Der Inhalt der Beschreibungen der einzelnen Verfahren ergibt sich aus den gesetzlichen Vorgaben, vgl. Abschnitt 3.7.2.

Um Redundanzen zu vermeiden, sollten in den verfahrensspezifischen Abschnitten nur diejenigen Angaben aufgeführt werden, die für das jeweilige Verfahren spezifisch eingesetzt werden. Dies betrifft insbesondere die umgesetzten technischen und organisatorischen Schutzmaßnahmen. Gesetzlich vorgeschrieben ist eine Dokumentation, welche ein angemessenes Schutzniveau *plausibel darstellt*.

Allgemeine Angaben zum jeweiligen Verfahren

Jedes Verfahren ist zunächst in allgemein verständlicher Weise zu beschreiben. Die Beschreibung des Verfahrens sollte den Sprachgebrauch der jeweiligen verantwortlichen Fachabteilung widerspiegeln.

Eine passende Beschreibung des Verfahrens ergibt sich zum Beispiel aus den Organisationseinheiten, welche das Verfahren nutzen, den durch das jeweilige Verfahren unterstützten Geschäftsprozessen sowie aus den wesentlichen Datenkategorien, welche im Rahmen des Verfahrens verarbeitet und genutzt werden.

Beispiele:

- Das Kundenverwaltungssystem unterstützt Vertrieb und Einkauf bei der Erstellung und Erfüllung von Angeboten sowie bei der Rechnungstellung und dem Inkasso.
- Es enthält detaillierte Angaben zum Kundenstamm und den getätigten Bestellungen sowie zu potentiellen Kunden.

Wesentliche Zwecke der Datenverarbeitung

Die Darlegung der wesentlichen Zwecke der Verarbeitung ist wesentlich, um den Umfang der Datenverarbeitung ausreichend genau darzustellen.

Bei der Auflistung der wesentlichen Zwecke ist es sinnvoll, sich an der gängige Formulierung von Prozessen und Arbeitsschritten zu orientieren, d.h. in der <Nomen> <Verb>

Beispiele:

- Verträge abschließen
- Verträge abwickeln
- Kunden bewerten
- Kundenzufriedenheit steigern
- Kundenbindung erhöhen

Rechtsgrundlage / Nachweis der Zulässigkeit

Mit der Zweckbestimmung wird es möglich, die wesentlichen Gründe für die datenschutzrechtliche Zulässigkeit des Verfahrens anzugeben.

Gründe, die sich in unterschiedlichen Verfahren wiederholen, sollten in den verwendeten Vorlagen in Form von Checkboxen angeboten werden, zum Beispiel bei der Nutzung zur

Vertragserfüllung oder bei bestehenden Einwilligungen durch die Betroffenen.

Anmerkung: Bei komplexen Verfahren kann es sinnvoll sein, den Nachweis der Zulässigkeit erst nach der Kategorisierung der der betroffenengruppen und der verarbeiteten personenbezogenen Daten durchzuführen.

Kategorien Betroffener und pb Daten

Gemäß Artikel 30 EU-DSGVO (Verzeichnis der Verarbeitungs-tätigkeiten) sind die (wesentlichen) Kategorien der natürlichen Personen aufzuführen, deren personenbezogene Daten im jeweiligen Verfahren verarbeitet werden.

Die verwendeten Kategorien sollten so gewählt werden, dass eine Auswertung über alle Verfahren möglich wird.

Typische Gruppen von betroffenen Personen sollten daher in Form von Checkboxen angeboten werden, u.a.

- Eigene Mitarbeiter
- Mitarbeiter von Auftragnehmern
- Endkunden (natürliche Personen)
- Ansprechpartner bei Geschäftspartnern
- Ansprechpartner bei Lieferanten

Anmerkung: An dieser Stelle kann, ergänzend zu Artikel 30 EU-DSGVO eine verfahrensspezifische Erklärung zur Wahrung der Rechte der Betroffenen in das Verfahrensverzeichnis eingebaut werden, vgl. Artikel 35 EU-DSGVO.

Nach der Angabe der im Wesentlichen betroffenen Personengruppen folgt eine Angabe der verarbeiteten personenbezogenen Daten.

Mögliche Beispiele für sinnvolle Datenkategorien sind

- Identitätsdaten, umfassen Name, Identitätsnummern, ggf. Geburtsdatum und Adresse von Kunden, Patienten. Mitarbeitern, Kontaktpersonen bei Geschäftspartnern usw.
- Kontaktdaten, umfassen alle Angaben die eine Kontaktaufnahme ermöglichen und haben Bezüge zu Kunden, Lieferanten, Mitarbeitern, Interessenten, Bewerbern, usw.
- Stammdaten, umfassen Daten mit maximal mittlerem Schutzbedarf, u.a. Identitätsdaten und Kontaktdaten.
- Bankdaten, umfassen Kontoverbindungen und Kreditkartendaten und hat Bezug zu Mitarbeitern, Kunden und ggf. Lieferanten.
- Profildaten, umfassen Angaben zur Kaufhistorie von Kunden oder zu Kompetenzen von Mitarbeitenden.

Zugriffsberechtigte Personen

Für die korrekte Abschätzung der Risiken für die Betroffenen spielt ein angemessen ausgeprägtes Rollen- und Berechtigungskonzept eine Schlüsselrolle. Daher ist es wichtig, die wesentlichen Zugriffsberechtigten Personengruppen anzugeben, vgl. Artikel 30 EU-DSGVO.

Dies umfasst sowohl interne als auch externe Zugriffsberechtigte. Die Berechtigten sind zumindest nach den dokumentierten Datenkategorien aufzuschlüsseln; nach Möglichkeit sollte darüber hinaus zwischen *lesenden, schreibenden und ändernden Rechten* unterschieden werden.

In diesen Abschnitt des Verfahrensverzeichnisses fallen auch mögliche Übermittlungen ins Ausland. Hierbei ist zwischen EU-Staaten (oder als mit einem gleichwertigen Datenschutz anerkannten Staaten) und Drittstaaten (wie den USA) zu unterscheiden.

Löschfristen

An dieser Stelle können nun die Löschfristen beschrieben werden. Nach Artikel 30 EU-DSGVO genügt es, plausible Löschfristen anzugeben.

Jedoch ist zur Einhaltung Löschgebots (Artikel 17 EU-DSGVO) ein geordneter Löschprozess erforderlich, der sicherstellt, dass personenbezogene Daten nach Wegfall des Erlaubnistatbestands auch tatsächlich zeitnah gesperrt und anschließend in angemessener Zeit gelöscht werden.

Zweistufige Risikoanalyse

Gemäß EU-Datenschutzgrundverordnung sind die Schutzmaßnahmen prinzipiell risikoorientiert auszuwählen:

- Die verantwortliche Stelle trifft geeignete und wirksame Maßnahmen und weist nach, dass die Verarbeitungstätigkeiten im Einklang mit der DSGVO stehen und die Maßnahmen auch wirksam sind (vgl. Erwägungsgrund 74).
- Sie berücksichtigt Art, Umfang, Umstände und Zwecke der Verarbeitung und das Risiko für die Rechte und Freiheiten natürlicher Personen (vgl. Erwägungsgrund 74).
- Risikoanalysen müssen Eintrittswahrscheinlichkeit und Schwere des Risikos für die Rechte und Freiheiten der Betroffenen berücksichtigen (Artikel 32 Absatz 1).

Um die Risikoanalysen auf die relevanten Risiken zu fokussieren, erscheint es ratsam, der Vorgehensweisen des Bundesamts für Sicherheit in der Informationstechnik BSI-Standard [BSI 100-3] oder des ISO-Standards 27005 (Annex E.1), vgl. [ISO 27001] zu folgen und die Risikoanalyse mehrstufig durchzuführen: *"[...] begin with a high-level assessment of consequences instead of starting with a systematic analysis of threats, vulnerabilities, assets and consequences."* (ISO/IEC 27005, Annex E.1)

Abbildung 12 stellt die Vorgehensweise prinzipiell dar. Zunächst wird der potenzielle Schaden für einzelne Werte abgeschätzt, unabhängig von der Wahrscheinlichkeit eines – wie auch immer gearteten – Schadens. Im Datenschutz sind dabei die Beeinträchtigungen der Persönlichkeitsrechte der Betroffenen zu berücksichtigen, zum Beispiel anhand der im Verfahrensverzeichnis erfassten Kategorien der Betroffenen und deren verarbeiteten personenbezogenen Daten. (*Schutzbedarfsfeststellung*)

Nur für Werte, welche einen hohen oder sehr hohen Schutzbedarf bzw. Schadenspotenzial aufweisen, wird im zweiten Schritt eine detaillierte Risikoanalyse durchgeführt und aus konkreten Schadensszenarien angemessene und wirksame *zusätzliche Schutzmaßnahmen* abgeleitet.

Für alle anderen Werte wird auf die Maßnahmen des *IT-Grundschutzes* verwiesen.

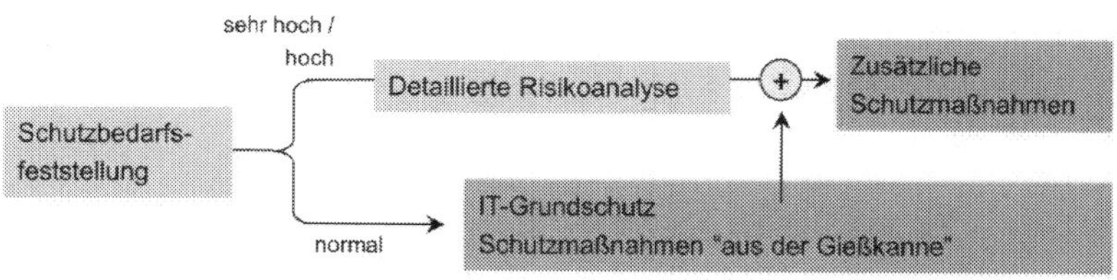

Abbildung 13: Mehrstufige Risikoanalyse

Erweiterte Schutzbedarfsfeststellung

Da im Datenschutz die Risiken für die Rechte der Betroffenen im Fokus liegen, sollte für die Klassifikation des Schutzbedarfs das Schutzstufenmodell des Landesbeauftragten für Datenschutz in Niedersachsen Anwendung finden, vgl. Abschnitt 6.2.2.

Um eine anschließende profunde Risikoanalyse zu unterstützen, bietet es sich an, die Ursachen für den jeweiligen Schutzbedarf bei der Klassifikation von Anfang an mit zu berücksichtigen.

Einen ersten Schritt in diesen Weg findet sich in [EhmannSchonschek], in der Schutzbedarf dort um den Faktor zwei erhöht wird, wo hohe Schäden durch die Kompromittierung einzelner Schutzziele drohen.

Ein Versuch, dieses Modell stringenter und einfacher zu gestalten, findet sich in [LanwehrSchäffter 2014]. Hintergrund war, dass im Schutzstufenmodell die Vertraulichkeit im Vordergrund steht, die Wertigkeit jedoch nicht linear von Stufe zu Stufe zunimmt.

Mittlerweile hat sich das folgende Modell einer erweiterten Schutzbedarfsfeststellung (*erweiterte SBF*) herausgebildet:

- Die bekannten Schutzstufen werden numerisch exponentiell bewertet, d.h. A=1, B=2, C=4, D=8, E=16, um die stark ansteigende Wertigkeit des Schutzbedarfs von Stufe zu Stufe besser abzubilden.
- Neben dem allgemeinen Schutzbedarf wird gezielt nach der Bedeutung der Schutzziele Verfügbarkeit, Vertraulichkeit und Integrität gefragt, um bei einem hohen Schutzbedarf die Wertigkeit zu verdoppeln, wie beim Vorgehen von Ehmann und Schonschek.
- Hinzu kommt die Möglichkeit, den Wert der Schutzstufe bei sehr hohem Schutzbedarf zu verdreifachen, etwa bei besonders sensiblen Daten zur Gesundheit oder bei Angaben, die Betroffene zu Opfern von Straftaten machen könnten.

Um den Aufwand bei der erweiterten Schutzbedarfsfeststellung zu verringern, ist es ratsam, die Analyse der Schutzziele (*CIA-Analyse*) nur ab Schutzstufe C durchzuführen.

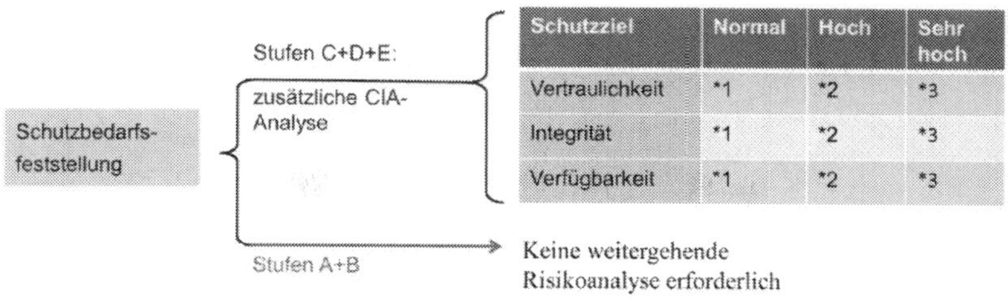

Abbildung 14: Erweiterte Schutzbedarfsfeststellung

Das folgende *Anwendungsbeispiel* soll die Vorgehensweise erläutern, vgl. Abschnitt 0:

In einem Handelsunternehmen werden Kundendaten verarbeitet, um Kaufverträge mit Endkunden zu erfüllen. Die in Rechnung gestellten Beträge werden in der Regel von den Bankkonten der Kunden per Lastschriftverfahren abgebucht.

Unter anderem wurden folgende Betroffene und deren personenbezogenen Daten dokumentiert, vgl. Abschnitt 9.3:

1. Daten über Mitarbeitende
   1.1. Stammdaten
   1.2. Kontaktdaten
2. Daten über Endkunden
   2.1. Stammdaten
   2.2. Kontaktdaten
   2.3. Bankdaten
   2.4. Kreditwürdigkeit / Zahlungsverhalten

Die Schutzbedarfsfeststellung führt zu folgendem Ergebnis:

Datenkategorie	Schutzstufe	Begründung
1.1 Stammdaten	B (2 Pkte)	Interne Nutzung mit beschränktem Zugriff, ohne Gefahr einer
1.2 Kontaktdaten	B (2 Pkte)	
2.1 Stammdaten	B (2 Pkte)	

Datenkategorie	Schutzstufe	Begründung
2. 2 Kontaktdaten	B (2 Pkte)	besonderen Beeinträchtigung der Rechte der Betroffenen.
2.3 Bankdaten	C (4 Pkte)	Gefahr der Beeinträchtigung der wirtschaftlichen Verhältnisse der Betroffenen.
2.4 Kredit-würdigkeit und Zahlungs-verhalten	D (8 Pkte)	Gefahr der erheblichen Beeinträchtigung der wirtschaftlichen Verhältnisse oder der gesellschaftlichen Stellung der Betroffenen.

Tabelle 7:Exemplarische Schutzbedarfsfeststellung

Anmerkung: Die angeführten Begründungen sind eng an die Formulierungen in der Klassifikation des Schutzstufenmodells angelehnt und wurden bewusst kompatibel zu den Beispielen in [LfD-NDS 2010]. Je nach Art und Umfang der Datenverarbeitung kann es zu anderen Einstufungen kommen.

Im Rahmen der Durchführung der Schutzbedarfsfeststellung werden üblicherweise *potenzielle Schadensszenarien* betrachtet. Diese Szenarien sind ausgesprochen wertvoll für eine sich ggf. anschließende detaillierte Risikoanalyse und sollten daher dokumentiert werden.

Die sich im Rahmen der *erweiterten SBF* anschließende Betrachtung der einzelnen Schutzziele (CIA-Analyse) unterstützt eine breit angelegte Analyse potenzieller Schadensszenarien.

Wie bereits dargestellt, kann die CIA-Analyse auf diejenigen Datenkategorien mit einem Schutzbedarf von C aufwärts beschränkt bleiben, da der niedrige Schutzbedarf eine detaillierte Risikoanalyse nicht sinnvoll erscheinen lässt.

Das Ergebnis könnte wie folgt aussehen:

Datenkategorie	SBF: A-E (Punkte)	Faktoren: C	I	A	Pkte
2.3 Bankdaten	C (4 Pkte)	2	2	1	16
2.4 Kreditwürdigkeit und Zahlungsverhalten	D (4 Pkte)	2	1	2	32

Tabelle 8:Exemplarische Erweiterte Schutzbedarfsfeststellung

Anmerkung: Auch hier ist es erforderlich, Begründungen für die gewählten Einstufungen zu dokumentieren.

Im Falle der Bankdaten wären dies:

- Vertraulichkeit: Unbefugte könnten, sofern sie in den Beitz der Bankdaten gelangten, Geld von dem Konto abbuchen („Kontoplünderung"). Dies hätte im schlimmsten Fall zur Folge, dass der Betroffene nicht mehr über Liquidität zur Lebenshaltung verfügte, an Tankstelle und im Supermarkt nicht mit der Girokarte bezahlen könnte und Kreditverpflichtungen nicht eingehalten werden könnten. Sofern der Kunde über keine weiteren finanziellen Reserven verfügt, könnte dies im Einzelfall existenzbedrohende Folgen haben.

  Da dies die Ausnahme sein dürfte, erscheint die in [LfD-NDS 2010] vorgeschlagene Einstufung in die Schutzklasse C prinzipiell stimmig, kann jedoch durch den Faktor 2 (ggf. auch 3) in der erweiterten SBF aufgefangen werden.

  Für das Unternehmen besteht das zusätzliche Risiko, dass bei Verdacht auf Datendiebstahl die mutmaßlichen

Betroffenen hierüber zu informieren sind, was das Vertrauensverhältnis zwischen Unternehmen und Kunden beeinträchtigen dürfte.

- Integrität: Fehlerhafte Bankdaten könnten dazu führen, dass Rechnungsbeträge von falschen Konten und damit ohne Zustimmung des jeweiligen Kontoinhabers vorgenommen werden. Der Kontoinhaber könnte bei Verdacht auf Betrug eine Strafanzeige gegen das Unternehmen stellen. Daher erscheint ein Faktor von 2 für den Schutz der Integrität angemessen.

Für die Datenkategorie „Kreditwürdigkeit und Zahlungsverhalten" gelten analoge Überlegungen. Hinzu kommt, dass Bestellungen bei Kunden mit schlechter Zahlungsmoral nur mit Einschränkungen (Vorkasse, Limitierung des Rechnungsbetrags) erfolgen sollten und daher die Verfügbarkeit der Daten während einer Bestellung von hoher Bedeutung ist.

Detaillierte Risikoanalyse

An die erweiterte Schutzbedarfsfeststellung schließt sich eine detaillierte Risikoanalyse an. Welche Datenkategorien hierzu im Einzelnen betrachtet werden, hängt von den Auswahlkriterien ab.

Mögliche Alternativen zur Auswahl kritischer Datenkategorien sind:

- Alle Datenkategorien mit einem Gesamtwert von 16 Punkten aufwärts.
- Die 10 Datenkategorien mit den höchsten Werten.
- Alle Datenkategorien mit Schutzstufe C, D und E.
- Alle Datenkategorien mit Schutzstufe D und E.

Welches Auswahlkriterium sinnvoll gewählt wird, hängt von den näheren Umständen der Datenverarbeitung ab (Art und Umfang der Datenverarbeitung, Sensitivität der personenbezogenen Daten, Auswirkungen auf die Betroffenen).

Besondere Arten personenbezogener Daten sowie Finanzdaten sollten grundsätzlich einer detaillierten Risikoanalyse unterzogen werden.

Praxistipp: Erfahrungsgemäß berechnen sich für diese Daten Bewertungen von 16 Punkten aufwärts. Diese Abgrenzung hat den Vorteil, dass nur Datenkategorien betrachtet werden, die in der erweiterten Schutzbedarfsfeststellung mindestens hinsichtlich eines Schutzziels über eine Einstufung als „hoch“ (Faktor 2) oder „sehr hoch“ (Faktor 3) verfügen.

Bei der Entwicklung von Schadensszenarien sollte wie folgt vorgegangen werden:

- *Risikoanalyse ist Teamarbeit*
  Diskutieren Sie Schadensszenarien stets im Team, laden Sie möglichst Teilnehmer aus unterschiedlichen Fachabteilungen (Nutzer, verfahrensverantwortliche, IT-Sicherheit, IT-Betrieb) und Tätigkeitsfeldern ein; sorgen Sie für Diversität und Heterogenität im Team. Gemeinsam sieht man mehr!

- *Fokus auf die kritischen Schutzziele*
  Suchen Sie gezielt nach möglichen Angriffen, bzw. Kompromittierungen der in der erweiterten Schutzbedarfsfeststellung als „hoch“ oder „sehr hoch“ eingestuften Schutzziele. Es hat wenig Sinn, sich über die Verbesserung der Verfügbarkeit Gedanken zu machen, wenn diese nicht als kritisch eingestuft wurde!

- *Halten Sie den Ball flach*
  Übertreiben Sie nicht und bleiben Sie bei realistischen Schadensszenarien.

- *Profitieren Sie von Best Practice Ansätzen*
  Nutzen Sie das Wissen über typische Angriffsmuster und Bedrohungen, vgl. Abschnitt 6.2.2 und Best Practice wie die Top-10 Bedrohungen sowie die zugehörigen exemplarischen risikomindernden Schutzmaßnahmen des Open Web Application Security Projects [OWASP-T10].

Eine effiziente Vorgehensweise bei der detaillierten Risikoanalyse ist, die in der erweiterten SBF als wichtig erkannten Schutzziele zum Anlass zu nehmen, konkrete Schadensszenarien zu entwickeln und hinsichtlich ihrer potenziellen Schadwirkung und Eintrittsplausibilität abzuschätzen.

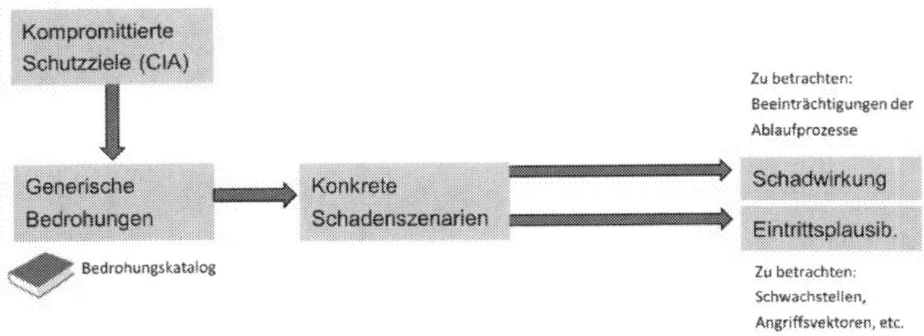

Abbildung 15: Detaillierte Risikoanalyse nach dem Ulmer Modell

<u>Fortsetzung des Beispiels</u>: Im Falle der Bankdaten sind entsprechende Schadensszenarien für den Verlust der Vertraulichkeit und der Integrität in Betracht zu ziehen (vgl. Tabelle 8).

Entsprechende Schadensszenarien könnten wie folgt beschrieben werden:

- Sz1: Verlust der Daten durch Ausfall der Festplatte, Einspielen der letzten Datensicherung innerhalb von 24 Stunden erfolgreich, Aktualisieren der wieder eingespielten Daten auf dem letzten Stand (max. 7 Tage alt).

- Sz2: Eintritt von Sz1, verbunden mit dem Ausfall der Datensicherung, kein Wiedereinspielen der gesicherten Daten möglich. Neuanlage aller Kundendaten erforderlich.
- Sz3: Datendiebstahl durch internes Personal, etwa Verlust der Vertraulichkeit von Kundendaten bei Kündigungen von Vertriebspersonal.
- Sz4: Kompromittierung („Hacking)" der internen IT-Systeme, verbunden mit der gezielten Änderung von Bankdaten. (Der Angriff zielt auf Fehlbuchungen bei Bestellungen der Angreifer).

Die aufgeführten Schadensszenarien sind hinsichtlich ihres Schadenspotenzials und ihrer Eintrittswahrscheinlichkeit abzuschätzen, vgl. Abschnitt 6.2.3, und in eine Risikomatrix einzutragen, vgl. Abbildung 8.

Für die obigen Schadensszenarien könnte dies wie folgt aussehen (exemplarisches Beispiel ohne Anspruch auf generelle Anwendbarkeit):

- Sz1: Verlust der Verfügbarkeit der Anwendung für 24 Stunden und erneute Eingabe der Daten der letzten max. 7 Tage führt voraussichtlich zu einem mittleren Schaden. Von einem Ausfall von Festplatten ist alle 2-3 Jahre auszugehen, sofern kein RAID-System eingesetzt wird (dann alle 10 Jahre).
- Sz2: Entspricht in der Eintrittsplausibilität Szenario Sz1, jedoch ist ein Totalverlust der Daten mit einem sehr hohen Schadenspotenzial verbunden.
- Sz3: Der Diebstahl von ausschließlich Kundenstammdaten hat voraussichtlich keine Auswirkungen auf die betroffenen Kunden. Allerdings ist ein Verlust sensibler Daten, z.B. Gesundheits- oder Bankdaten, mit einem hohen Risiko für die Betroffenen verbunden (mind.

Stufe D) und meldepflichtig (Artikel 33 und 34 EU-DSGVO). Die Eintrittsplausibilität hängt von der Loyalität der Vertriebsmitarbeiter, den vergebenen Zugriffsrechten und der Kontrolle der Zugriffsprotokolle ab. Mit einem Vorfall alle 3-5 Jahre könnte jedoch gerechnet werden.

- Sz4: Hier hängt die Risikoabschätzung stark von der spezifischen Datenverarbeitung der verantwortlichen Stelle ab. Daher sei hier auf eine Einstufung verzichtet.

Szenario	Schadens-potenzial	Eintritts-plausibilität
Sz1: Datenverlust von max. 7 Tagen, Systemausfall für ca. 24 Stunden	mittel	hoch (2-3 Jahre)
Sz2: Totalverlust der Daten	sehr hoch	hoch (2-3 Jahre)
Sz3: Diebstahl einer großen Zahl von Kundendaten	hoch	mittel (3-5 Jahre)

Tabelle 9:Exemplarische Risikoabschätzung

Datenschutz-Folgeabschätzung

Ergeben sich aus der detaillierte Risikoanalyse inakzeptable Risiken (vgl. Abbildung 8 auf Seite 80), so sind diese mittels entsprechender Schutzmaßnahmen auf ein ertragbares Maß zu senken.

Im ersten Schritt sollten daher Schutzmaßnahmen identifiziert werden, die zur Reduktion des Risikos führen würden. Im zweiten Schritt ist zu prüfen, inwieweit derartige Maßnahmen bereits vorhanden sind, jedoch in der Risikoanalyse nicht ausreichend berücksichtigt wurden.

Verbleiben inakzeptable Risiken, so ist eine *Datenschutz-Folgeabschätzung* durchzuführen, vgl. Abschnitt 3.8.

Gemäß Artikel 35 Absatz 7 sind in diesem Fall außer den bisher erfolgten Angaben noch zwei weitere Aspekte zu dokumentieren:

- Eine datenschutzrechtliche Stellungnahme, welche eine Bewertung der Risiken für die Rechte und Freiheiten der Betroffenen enthält, vgl. Artikel 35 Absatz 7 Buchstabe c. Eine solche Stellungnahme lässt sich direkt aus der Risikomatrix ableiten.
- Die zur Bewältigung der Risiken geplanten Abhilfemaßnahmen, einschließlich Garantien, Sicherheitsvorkehrungen und Verfahren, durch die der Schutz personenbezogener Daten sichergestellt und der Nachweis dafür erbracht wird, dass diese Verordnung eingehalten wird, wobei den Rechten und berechtigten Interessen der betroffenen Personen und sonstiger Betroffener Rechnung getragen wird, vgl. Artikel 35 Absatz 7 Buchstabe d.

Anmerkung: Es ist dringend angeraten, Datenschutz-Folgeabschätzungen nicht verfahrensspezifisch und auch nicht im Rahmen des Verfahrensverzeichnisses durchzuführen, sondern verfahrensübergreifend in einer separaten Dokumentation.

7.4.3 Verfahrensübergreifende Maßnahmenpakete

Um das Ableiten angemessener Schutzmaßnahmen für die einzelnen IT-Verfahren zu vereinfachen, bietet es sich an, Maßnahmenpakete für einzelne Schutzstufen vorzubereiten.

Das Schnüren von verfahrensübergreifenden Maßnahmenpaketen bietet sich gerade in Unternehmen und Institutionen an, die über eine komplexe IT-Infrastruktur verfügen, weil hierdurch der Dokumentationsaufwand für die einzelnen Verfahren erheblich reduziert werden kann.

Unabhängig davon sollten alle verantwortlichen Stellen diejenigen Schutzmaßnahmen, von denen eine größere Anzahl an Verfahren profitiert, in einem separaten Teil des Verfahrensverzeichnisses aufgeführt werden, vgl. hierzu Abschnitt 3.7.3.

Schnüren verfahrensübergreifender Maßnahmenpakete

In [LanwehrSchäffter 2014] werden exemplarisch die folgenden Maßnahmenpakete vorgeschlagen:

- *Basisschutzpaket „IT-Grundschutz"*
  Zum generellen Schutz aller Datenkategorien sind grundlegende technische und organisatorische Schutzmaßnahmen im Sinne des IT-Grundschutzes (für den mittleren Schutzbedarf) umzusetzen. Diese sind im Sicherheitskonzept als „Basisschutz" zu beschreiben.

- *Maßnahmenpaket „Vertraulichkeit"*
  Da personenbezogene Daten primär nach Vertraulichkeit verlangen, sind diesbezügliche technische und organisatorische Maßnahmen vergleichsweise erforderlich. Sie können im Sicherheitskonzept unter dem Stichwort „Besonderer Schutz der Vertraulichkeit" zusammengefasst werden. Es ist darauf zu achten, dass alle Datenkategorien, welche in der Kritikalitätsanalyse eine Zuordnung zum Schutzziel „Vertraulichkeit" aufweisen, auch tatsächlich von diesen Maßnahmen profitieren. Dies ist im Sicherheitskonzept darzulegen.

- *Maßnahmenpaket „Erweiterte Sicherheit"*
  Daten ab der Schutzstufe D verlangen nach gezielten technischen und organisatorischen Maßnahmen zum Schutz von Vertraulichkeit und Integrität. Entsprechende Maßnahmen können in einem diesbezüglichen Maßnahmenpaket zusammengefasst werden. Im Sicherheitskonzept ist darzulegen, dass alle den Schutzstufen D und E zugeordneten Datenkategorien

hinsichtlich eines erweiterten Schutzes von Vertraulichkeit, Integrität und Verfügbarkeit zu untersuchen und entsprechende Maßnahmen auszuwählen und umzusetzen sind.

- *Maßgeschneiderte Maßnahmen*
  Für alle Datenkategorien, deren Kritikalitätswert einen vorgegebenen Schwellwert, z.B. 10, erreicht oder überschreitet, ist eine detaillierte Risikoanalyse durchzuführen. Die sich aus der Risikoanalyse ergebenden zusätzlich erforderlichen technischen und organisatorischen Schutzmaßnahmen sind im Sicherheitskonzept darzustellen.

Einordnen der Maßnahmenpakete

Die einzelnen Maßnahmenpakete umfassen diejenigen technischen und organisatorischen Maßnahmen, die für eine weitere Erhöhung des Schutzniveaus über den IT-Basisschutz hinaus erforderlich sind.

In der Praxis kristallisieren sich dabei folgende typische Zielstellungen heraus:

- Steigerung der Vertraulichkeit
  Zusätzliche Maßnahmen zur Erhöhung der Vertraulichkeit sensibler personenbezogener Daten, typischerweise Angaben zur Leistung und zum Verhalten von Mitarbeitern oder zum Kaufverhalten von Kunden.

- Erweiterte Sicherheit
  Zusätzliche Maßnahmen zur Erhöhung der Vertraulichkeit, Integrität und Verfügbarkeit sensibler personenbezogener Daten, typischerweise Gesundheits- und Finanzdaten.

- Maßgeschneiderter Schutz
  Spezifische Schutzmaßnahmen für besonders sensible Verfahren der Datenverarbeitung. Beispiele hierzu sind die

Teilverschlüsselung von sensiblen Daten bei der Datenübertragung, aber auch in Datenbanken und elektronischen Datenarchiven und der Einsatz kryptographischer Signaturen.

Es ist möglich, den Einsatz entsprechender Maßnahmenpakete an der durchgeführten erweiterten Schutzbedarfsfeststellung festzumachen. Abbildung 16 stellt eine mögliche Zuordnung abhängig von der ermittelten Gesamtpunktzahl exemplarisch dar. Die Grenzwerte sind individuell von der jeweiligen verantwortlichen Stelle festzulegen.

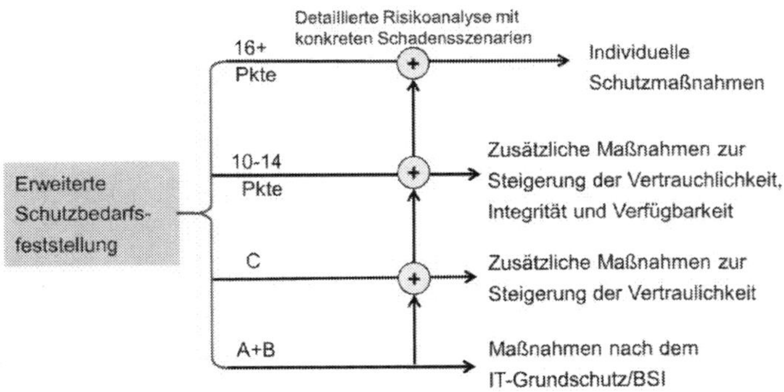

Abbildung 16: Risikoorientierte Auswahl von Schutzmaßnahmen

Füllen der Maßnahmenpakete

Die Auswahl von Schutzmaßnahmen für die einzelnen Maßnahmenpakete obliegt nicht dem oder der Datenschutzbeauftragten, wenngleich diese/r die Maßnahmenpakete auf Vollständigkeit und Angemessenheit hin prüfen sollten, sondern den für den sicheren IT-Betrieb zuständigen Fachabteilungen.

Bei der Auswahl passender Schutzmaßnahmen helfen der Standard ISO 27002 und der IT-Grundschutzkatalog des Bundesamts für Sicherheit in der Informationstechnik [BSI-GK] weiter.

Die folgende Tabelle gibt einen Einblick über einen möglichen Aufbau der Maßnahmenpakete am Beispiel des *Identity und Access Managements (IAM)*, vgl. [LanwehrSchäffter 2014].

Ableitung der Maßnahmen aus ISO 27001:2013 und ISO 27002:2013	
Allgemeine Grundsätze	A.9.1.1, A 9.1.2, A.9.2.1, A.9.2.2, A.9.2.3, A.9.4.3
Durchführung der Identifizierung	A.9.2.1, A.9.2.2, A.9.2.3, A.9.3.1
Durchführung der Authentifizierung	A.9.4.2
Qualitätssicherung	A.9.2.3, A.9.2.4, A.9.2.5, A.12.4.3

Tabelle 10:Ableiten von Maßnahmenkatalogen aus ISO 27000

Maßnahmenpaket „IT-Grundschutz"	
Allgemeine Grundsätze	Benutzermanagement und Zugangskontrollen gemäß des Need-to-Do Prinzips.
Durchführung der Identifizierung	Einfache Identitätsprüfung, keine Weitergabe von Zugriffsrechten in Benutzerordnung festschreiben. Technische Benutzer sind möglich, z.B. „Administrator".
Durchführung der Authentifizierung	Mindestens Einsatz einer Ein-Faktor-Authentifizierung, z.B. Kennwort ausreichender Komplexität.
Durchführung der Autorisierung	Rollen- und Berechtigungskonzept, folgend dem Need-to-Do Prinzip.
Qualitätssicherung	Turnusmäßige Kontrolle der Plausibilität vergebener Rechte.

Tabelle 11:Maßnahmenpaket „IT-Grundschutz" im IAM

Maßnahmenpaket „Vertraulichkeit" (ab Schutzstufe C)	
Allgemeine Grundsätze	Fehlgeschlagene Anmeldungen sind zu protokollieren. Time-Outs sind einzurichten. Verschlüsselung der Datenübertragung über offene Netze. Verschlüsselung der Massenspeicher mobiler Endgeräte.
Durchführung der Identifizierung	Ausdrückliche Identitätsprüfung, verlässlicher Vergabeprozess. Technische Benutzer nur im Ausnahmefall zulässig.
Durchführung der Authentifizierung	Sichere Übertragung von Passworten, ggf. Einsatz zertifikatsbasierter oder 2-Faktor Authentisierung.
Durchführung der Autorisierung	Turnusmäßige Prüfung der Zugriffsrechte auf Einhaltung des Need-to-Do Prinzips. Verfahren zur Sperrung von Zugriffsrechten bei Arbeitsplatzwechseln.
Qualitätssicherung	Protokollierung aller privilegierten Zugriffe. Regelmäßige Kontrolle der vergebenen Leserechte.

Tabelle 12:Maßnahmenpaket „Vertraulichkeit" im IAM

Maßnahmenpaket „Erweiterte Sicherheit"	
Allgemeine Grundsätze	Fehlgeschlagene Anmeldungen sind zeitnah zu erkennen und qualifiziert zu behandeln.
Durchführung der Identifizierung	Ausdrückliche Identitätsprüfung, zentral kontrollierter Vergabeprozess. Personalisierte Benutzer; bei technischen Benutzer personenbezogene Protokollierung aller Zugriffe.
Durchführung der Authentifizierung	Zwei-Faktor-Authentifizierung erforderlich.

Maßnahmenpaket „Erweiterte Sicherheit"	
Durchführung der Autorisierung	Restriktive Vergabe von Zugriffsrechten. Protokollierung der Zugriffe auf verfahrensebene, regelmäßige Überprüfung der Protokolle auf nicht-autorisierte Zugriffe.
Qualitätssicherung	Temporäre Vergabe von Zugriffsrechten. Regelmäßige Kontrolle der vergebenen Lese- und Schreibrechte.

Tabelle 13:Maßnahmenpaket „Erweiterte Sicherheit" im IAM

Hinweise zu speziellen Schutzmaßnahmen	
Allgemeine Grundsätze	Einzelfall-betrachtung auf Basis der durchgeführten Risikoanalyse erforderlich.
Durchführung der Identifizierung	Einzelfallbetrachtung erforderlich, z.B. Einsatz von Identity und Access Managementsystemen (IAM).
Durchführung der Authentifizierung	Einzelfallbetrachtung erforderlich, z.B. Authentifizierung über Mitarbeiterausweis.
Durchführung der Autorisierung	Vergabe von Zugriffsrechten im 4-Augenprinzip. Protokollierung der Zugriffe auf Objektebene und automatisierte Überprüfung der Protokolle auf nicht-autorisierte Zugriffe.
Qualitäts-sicherung	Hier ist eine Einzelfallbetrachtung erforderlich, z.B. automatisierte Kontrolle durch Intrusion Detection & Prevention Systeme, IDS/IPS.

Tabelle 14:Beispiele für spezielle Schutzmaßnahmen im IAM

7.5 Verfahrensübergreifende Schutzmaßnahmen

In der Praxis werden, folgt man den gängigen Umfragen, bevorzugt zentrale Schutzmaßnahmen eingesetzt, da diese a) zentral eingerichtet und verwaltet werden können und b) keine Interaktion mit den Nutzern erfordern.

Von zentralen Schutzmaßnahmen profitieren prinzipiell alle IT-Systeme, Anwendungen und Daten, die in die zentrale IT-Infrastruktur eingebettet sind: Server in Serverräumen, Anwendungen, die auf gehärteten IT-Plattformen laufen, Arbeitsplatzrechner, die zentral verwaltet und regelmäßig aktualisiert werden.

Die Beispiele für verfahrensübergreifende Schutzmaßnahmen sind:

- Maßnahmen zum Gebäudeschutz: Zutritt in Gebäude, Büros und Technikräume.
- Maßnahmen zur Netzwerksicherheit: Firewalls, Verschlüsselung auf Netzwerkebene (Virtual Private Networks), Netzwerksensoren von Intrusion Detection Systemen.
- Maßnahmen zum Zugriffsschutz: Identity Management, Rollen- und Berechtigungskonzept, Richtlinien zur Passwortqualität, zeitlich terminierte („rostende“) Zugriffsrechte, turnusmäßiges Review der vergebenen Zugriffsrechte, Anomalieerkennung durch Intrusion Detection Systeme, usw.

All diese Schutzmaßnahmen sollten in einem separaten dritten Teil des Verzeichnisses dokumentiert sein, verbunden mit entsprechenden Verweisen in den Verfahrensspezifischen Bestandteilen, etwa immer dort, wo Verfahren auf IT-Systemen betrieben werden, die in zentralen Technikräumen (Rechenzentren bzw. Serverräumen oder bei Hosting-

Dienstleistern) untergebracht sind oder wo Verfahren die zentralen Authentisierungsdienste (Stichworte Single Sign On, Identity Management) verwenden.

Dieser Maßnahmenkatalog beschreibt mithin die informationstechnische *Basissicherheit* der verantwortlichen Stelle. Für viele Verfahren und die meisten Datenkategorien wird diese Basissicherheit ein ausreichendes und angemessenes Schutzniveau sicherstellen, aber eben nicht für alle Verfahren und insbesondere nicht für die besonders sensiblen Datenkategorien.

7.6 Zusätzliche Schutzmaßnahmen

Für besonders sensible Werte sind daher spezifische Schutzmaßnahmen für einzelne Verfahren und Datenkategorien unumgänglich. Es ist Ziel des risikoorientierten Ansatzes, diese Werte und Verfahren zuverlässig zu identifizieren und angemessene Schutzmaßnahmen abzuleiten und umzusetzen. Dabei sollten die zusätzlichen Schutzmaßnahmen so ausgestaltet werden, dass sie ein möglichst breites Spektrum an Verfahren und Datenkategorien schützen.

> Der Bedarf an zusätzlichen Schutzmaßnahmen ergibt sich aus der Betrachtung einzelner Verfahren und Datenkategorien im Rahmen der Risikoanalyse. Es ist darauf zu achten, Schutzmaßnahmen so auszuwählen, dass sie verfahrensübergreifend wirksam werden können.

Im Ulmer Modell dienen dazu die im Rahmen der detaillierten Risikoanalysen ermittelten *konkreten Schadensszenarien*.

Aus diesen Schadensszenarien lassen sich Schutzmaßnahmen mit effektiv und mit angemessenem Aufwand ableiten. Bei der Formulierung der Schutzmaßnahmen ist strikt darauf zu achten, *abstrakte Maßnahmen* zu formulieren, d.h. dass diese lediglich in ihrer Zielstellung formuliert werden und auf konkrete Umsetzungsvorschläge bewusst verzichtet wird. Nur so ist es möglich, langfristige und verfahrensübergreifende Lösungen zu finden.

Die folgende Abbildung stellt das geschilderte Prinzip in Erweiterung von Abbildung 15 dar.

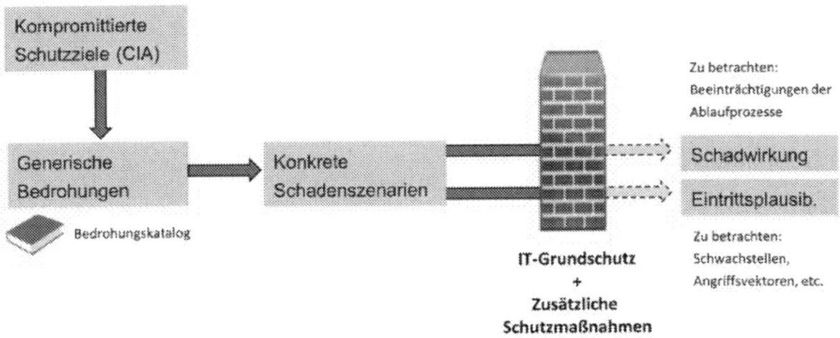

Abbildung 17: Auswahl zusätzlicher Schutzmaßnahmen

Die *Fortsetzung des Beispiels* soll dies genauer beleuchten. In Abschnitt 9.7 sind Maßnahmen aufgeführt, die zur Reduktion der betrachteten Risiken geeignet sind.

Beispielhaft sind hier zu nennen:

- Jährliche Erneuerung der Verpflichtungserklärung auf das Datengeheimnis für Mitarbeiter des Vertriebs und der IT-Administration.
- Sperrung des Zugriffs direkt nach Beendigung des Arbeitsverhältnisses.
- Protokollierung von Zugriffen, verbunden mit einem turnusmäßigen Review der vergebenen Zugriffsberechtigungen und einer Auswertung der Zugriffsprotokolle
- Einsatz von Intrusion Detection Techniken, verbunden mit einem automatisches Alarmieren / Sperren bei einer Überschreitung von Thresholds.

- Durchführung von (White Hat) Penetrationstests.
- Schaffung von sicheren Fernzugriffen unter Einsatz aktueller Verschlüsselungsverfahren und starker, 2-Faktor-Authentisierung.

Dabei fällt auf, dass sich Einträge wiederholen. Entsprechend sollten die realisierten Schutzmaßnahmen so ausgelegt werden, dass sie über die eigentliche Risikobetrachtung hinaus einsetzbar sind. Fernwartungszugänge etwa sollten auf ein Administrationsnetzwerk führen, verbunden mit dedizierten Durchgriffen auf die jeweils erforderlichen Zielsysteme.

8 Vorlagen zur Dokumentenerstellung

8.1 Angaben zur verantwortlichen Stelle

Name der verantwortlichen Stelle (vollständige Firmierung)	
Ladefähige Anschrift der verantwortlichen Stelle	
Handelsregister/HR-Nummer	
Ust-IdNr.	
Allgemeine öffentliche E-Mailadresse	
Allgemeine öffentliche Telefonnummer und Telefaxnummer	
Geschäftsführer (Name, Vorname)	
Mit der Leitung der Datenverarbeitung Beauftragte/r (Name, Vorname, Telefonnr., Mailadresse)	
Datenschutzbeauftragte/r (Name, Vorname, Telefonnr., Mailadresse)	

8.2 Verfahrensspezifischer Eintrag

8.2.1 Allgemeine Angaben zum Verfahren

Kurzname	
Name des Verfahrens	
Verantwortlicher Ansprechpartner	
Bei Auftragsdatenverarbeitung: Angaben zum Auftragnehmer	
Stand (Datum)	
Kurzbeschreibung des Verfahrens *(Wozu dient das Verfahren der verantwortlichen Stelle?)*	

8.2.2 Zweckbestimmung, Zulässigkeit

Zweckbestimmung des Umgangs mit den personenbezogenen Daten.	Nr.	Zweck (Nomen + Verb)

(optional) Rechtsgrundlage für den Umgang mit den personenbezogenen Daten.	☐ Vertrag, vertragsähnliches Vertrauensverhältnis ☐ Erfüllung rechtlicher Verpflichtungen: ________________ ☐ Interessenabwägung ☐ Lebenswichtiges Interesse des Betroffenen: ________________ ☐ Einwilligung des Betroffenen (mit Nachweis!): ________________

Betroffene Personen und personenbezogene Daten

Kategorien der betroffenen Personengruppen	☐ Mitarbeiter ☐ Endkunden ☐ Ansprechpartner bei Geschäftspartnern ☐ Ansprechpartner bei Lieferanten ☐ Sonstige: ________________
(optional) Nachweis der Wahrung der Rechte der Betroffenen, insbesondere der Information über die Datenverarbeitung	Rechte der Betroffenen sind gewahrt, weil ________________ Information über DV erfolgt wie folgt: ☐ Erhebung beim Betroffenen ☐ Betroffene werden über DV informiert ☐ Betroffene willigen nachweisbar ein ☐ Sonstiges: ________________

Kategorien personenbezogener Daten	Nr	Betroffener	Datenkategorie

8.2.3 Empfänger

Zugriffsberechtigte Personen / Übermittlung in Drittländer

<table>
<tr><td rowspan="3">Interne Zugriffe: Kategorien zugriffsberechtigter Personen innerhalb der vS</td><td>Zugriffs-berechtigte OE</td><td>Zweck</td><td>Daten-kategorien</td></tr>
<tr><td></td><td></td><td></td></tr>
<tr><td></td><td></td><td></td></tr>
<tr><td rowspan="3">Externe Zugriffe: Kategorien zugriffsberechtigter Personen außerhalb der vS</td><td>Zugriffs-berechtigte Unternehmen</td><td>Zweck</td><td>Daten-kategorien</td></tr>
<tr><td></td><td></td><td></td></tr>
<tr><td></td><td></td><td></td></tr>
<tr><td>Datenübermittlung ins Ausland (EU, anerk. Staaten)</td><td colspan="3">Staaten / Datenkategorien (Nein, falls nicht)</td></tr>
<tr><td>Übermittlung in Drittländer (vgl. Artikel 15, 46)</td><td colspan="3">Staaten, vertragliche Regelungen, Garantien (Nein, falls nicht)</td></tr>
</table>

8.2.4 Löschfristen

<table>
<tr><td rowspan="5">Regelfristen für die Sperrung und Löschung der Daten.</td><td>Datenkategorie (Nr/Name)</td><td>Sperr- und Löschfrist</td></tr>
<tr><td></td><td></td></tr>
<tr><td></td><td></td></tr>
<tr><td></td><td></td></tr>
<tr><td></td><td></td></tr>
<tr><td>Darlegung, wie Sperrung, resp. Löschung faktisch gewährleistet (Sperr-/Lösch-system) und die Wirksamkeit kontrolliert (Sperr-/Lösch-protokoll) wird.</td><td colspan="2"></td></tr>
</table>

8.2.5 Erweiterte Schutzbedarfsfeststellung

Datenkategorie	SBF: A-E (+Pkte)	Faktoren: C	I	A	Pkte

8.2.6 *Detaillierte Risikoanalyse*

Identifikation konkreter Schadensszenarien

Schadensszenario		Betroffene Datenkategorien	Vorhandene Schutzmaßnahmen
1			
2			
3			
4			

Bewertung der Schadenszenarien

Die beschriebenen Schadensszenarien können nun hinsichtlich des Schadenspotenzials und der Eintrittsplausibilität abgeschätzt werden. Bei der Einstufung des Schadenspotenzials gibt das Maximum der Schutzbedarfsklasse der betroffenen Datenkategorien einen ersten Anhaltspunkt, vgl. Abschnitt 8.2.5.

Für die Abschätzung der einzelnen Schadensszenarien in die Stufen „niedrig“, „mittel“, „hoch“ und „sehr hoch“, vergleiche Tabelle 6 auf Seite 82.

Schadensszenario		Schadenspotenzial	Eintrittsplausibilität
1			
2			
3			
4			

Einordnen in die Risikomatrix

In Folge können die einzelnen Schadensszenarien als Risiken in eine verfahrensspezifische Risikomatrix eingetragen werden.

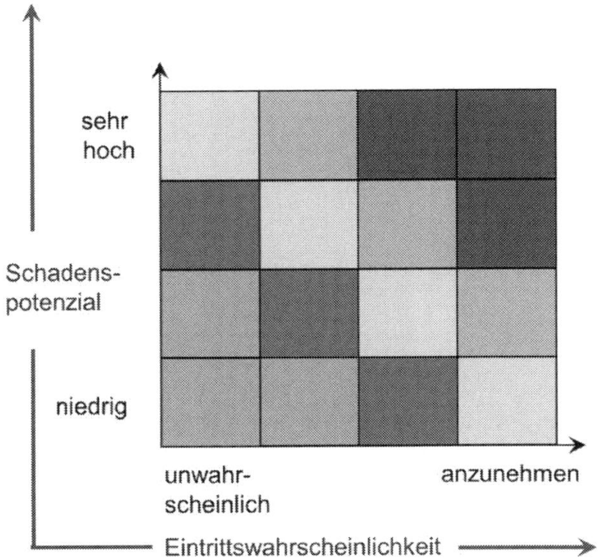

Treten vergleichbare Schadensszenarien in mehreren Verfahren auf, so ist es möglich, die entsprechenden Risiken in einer gemeinsamen, verfahrensübergreifenden Risikomatrix zusammenzufassen, vgl. Abschnitt 8.3.2.

8.2.7 Verfahrensspezifische Schutzmaßnahmen

Bevor die Schutzmaßnahmen dokumentiert werden, ist eine Kurzbeschreibung der Systemarchitektur erforderlich, um die Schutzmaßnahmen einordnen zu können.

Technische Beschreibung des Verfahrens

Anmerkung: Vorsicht bei allzu detaillierten Angaben zu den Releaseständen. Diese Details sind für die datenschutzrechtliche Bewertung nur sehr bedingt erforderlich, veralten jedoch schnell! Jedoch bestehen in einigen Bundesländern seitens der Landesbeauftragten für Datenschutz sehr detaillierte Anforderungen an die Dokumentation. Ein Ausweg wäre, die groben Releasestände zu benennen und auf den IT-Betrieb als verantwortlich für die fortlaufende Inventarisierung der IT-Landschaft zu verweisen.

Die im Rahmen der detaillierten Risikoanalyse aufgeführten Schutzmaßnahmen machen es möglich, plausibel zu machen, dass ein angemessenes Schutzniveau vorliegt, vgl. Artikel 30 Absatz 1 Buchstabe g EU-DSGVO.

Schutzmaßnahmen, von denen auch andere Verfahren profitieren, z.B. Firewall, Virenschutz, Rollen- und Benutzerkonzept, Passwortrichtlinie usw., sollten ans Ende des Verfahrensverzeichnisses gestellt werden, vgl. Abbildung 3 auf Seite 42.

8.2.8 Zusätzliche Schutzmaßnahmen

Ergeben sich aus der detaillierte Risikoanalyse inakzeptable Risiken (vgl. Abbildung 8 auf Seite 80), so sollten zunächst Schutzmaßnahmen identifiziert werden, welche zu einer Reduktion des Risikos führen.

Sind vergleichbare Maßnahmen bereits vorhanden, so ist die Dokumentation der umgesetzten Schutzmaßnahmen zu erweitern, vgl. Abschnitt 8.2.6 und die Risikoabschätzung entsprechend anzupassen, vgl. Abschnitt0.

Sind entsprechende Maßnahmen noch nicht umgesetzt, so sollten im Verfahrensverzeichnis entsprechende verfahrensspezifische Empfehlungen aufgenommen werden. In Folge ist zu prüfen, ob eine Datenschutz-Folgeabschätzung erforderlich ist, vgl. hierzu Abschnitt 8.2.9.

Empfohlene Schutzmaßnahme	Begründung

Bei der Formulierung der Schutzmaßnahmen ist strikt darauf zu achten, *abstrakte Maßnahmen* zu formulieren, vgl. Abschnitt 7.6.

8.2.9 Datenschutz-Folgeabschätzung

Ergeben sich aus der detaillierte Risikoanalyse inakzeptable Risiken (vgl. Abbildung 8 auf Seite 80), so ist – zusätzlich zur Verfahrensdokumentation - eine Datenschutz-Folgeabschätzung durchzuführen, vgl. den Unterabschnitt *„Datenschutz-Folgeabschätzung"* auf Seite 104.

8.3 Verfahrensübergreifende Dokumentation

8.3.1 Verfahrensübergreifende Schutzmaßnahmen

In die für die einzelnen Verfahren durchgeführten detaillierten Risikoanalysen fließen die jeweils vorhandenen Schutzmaßnahmen ein. Nur mit deren Kenntnis lassen sich Schadenspotenzial und Eintrittsplausibilität korrekt einschätzen.

Daher sollten neben den verfahrensspezifischen auch die verfahrensübergreifend umgesetzten Schutzmaßnahmen im Verfahrensverzeichnis aufgeführt werden, vgl. Artikel 30 Absatz 1 Buchstabe g EU-DSGVO.

Anmerkung: Wenn in der verantwortlichen Stelle ein Sicherheitskonzept, z.B. nach ISO 27000, sollte darauf verwiesen werden. Ist ein Verfahrensverzeichnis nach BDSG oder LDSG vorhanden, so können die entsprechenden Angaben eventuell daraus entnommen werden.

Im letzten Fall sind die Schutzmaßnahmen vermutlich auf der Grundlage der im Gesetzestext aufgeführten Kontrollen beschrieben. Eine derartige Dokumentation ist auch für die EU-DSGVO denkbar. Die folgende Tabelle basiert auf der Anlage zu § 9 BDSG. Für öffentlichen Stelle der Bundesländer sind die im jeweiligen LDSG aufgeführten Kontrollen zu verwenden.

Übergreifend umgesetzte technisch-organisatorische Schutzmaßnahmen	
Zutritts-kontrolle	
Zugangs-kontrolle	
Zugriffs-kontrolle	
Weitergabe-kontrolle	
Eingabe-kontrolle	
Auftrags-kontrolle (nur bei ADV)	
Verfügbarkeits-kontrolle	
Trennungs-gebot	

8.3.2 Konsolidierte Risikoanalyse

Üblicherweise treten bestimmte Schadensszenarien in mehreren Verfahren auf. Um hier Redundanzen zu vermeiden, können die sich aus solchen Schadensszenarien ergebenden Risiken in einer konsolidierten und verfahrensübergreifenden Risikoanalyse zusammengefasst werden.

Abweichungen in der Bewertung der einzelnen Risiken in unterschiedlichen Verfahren können nach dem Maximumsprinzip ausgeglichen werden: In die konsolidierte Risikoanalyse wird stets die höchste Bewertung hinsichtlich des Wertepaares (Schadenspotenzial, Eintrittsplausibilität) aufgenommen.

Die dazu erforderliche Vorlage einer Risikomatrix kann dem Abschnitt „Einordnen in die Risikomatrix" auf Seite 122 entnommen werden.

9 Ausfüllbeispiel

Im Folgenden sind die Vorlagen aus dem vorangehenden Beispiel auf der Grundlage der Inhalte in [EhmannSchonschek, Abschnitt 4/4.10] exemplarisch ausgefüllt. Folgendes fiktives Fallbeispiel liegt den folgenden Angaben zugrunde:

> *In einem Handelsunternehmen werden Kundendaten verarbeitet, um Kaufverträge mit Endkunden zu erfüllen. Die in Rechnung gestellten Beträge werden in der Regel von den Bankkonten der Kunden per Lastschriftverfahren abgebucht.*

Warnung: Die Angaben sind allgemein gehalten; sie beziehen sich nicht auf eine konkrete verantwortliche Stelle und können daher allenfalls zur Orientierung bei der Erstellung eines konkreten Verfahrensverzeichnisses herangezogen werden. Insbesondere sind spezifische Anforderungen zwingend zu berücksichtigen, z.B. gesetzliche Anforderungen an die Datenerhebung bzw. an die Dokumentation, ggf. Einwilligungen im Umgang mit Gesundheitsdaten, etc.

9.1 Allgemeine Angaben zum Verfahren

Kurzname	*CRM*
Name des Verfahrens	*Customer Relationship Management*
Verantwortlicher Ansprechpartner	*<Hier bitte den „Verfahrensverantwortlichen“ als internen Ansprechpartner aufführen, vorzugsweise Organisationseinheit, z.B. „Vertrieb“. Konkrete Kontaktdaten sollten in einer separaten Liste gepflegt werden.>*

Bei Auftrags-datenverarbeitung: Auftragnehmer	*entfällt, da inhouse betrieben*
Stand (Datum)	*<Datum der letzten Änderung, ggf. Versionsnummer, bei Bedarf kann Historie eingefügt werden: Tabelle mit Änderungsdaten und Kommentaren>*
Kurzbeschreibung des Verfahrens *(Wozu dient das Verfahren der verantwortlichen Stelle?)*	*Das Verfahren dient der Unterstützung von Vertrieb und Marketing. Es enthält detaillierte Angaben zum Kunden-stamm und den getätigten Bestellungen sowie zu potentiellen Kunden.*

9.2 Zweckbestimmung, Zulässigkeit

Zweck-bestimmung des Umgangs mit pb Daten.	Nr	Zweck
	1	Verträge abwickeln: Aufträge mit Interessenten und Stammkunden abstimmen, Aufträge bearbeiten, Rechnungen erstellen.
	2	Kunden ansprechen: Gezielte Ansprache von Bestands- und Neukunden, Zusatzverkauf, Cross-Selling.
	3	Kunden analysieren: Segmentierung der Bestellungen nach Verhalten, Umsatz oder Umsatzpotenzial.
	4	Kunden bewerten: Einsatz von Scoring-Bewertungsverfahren.
	5	Kundenzufriedenheit und Kundenbindung steigern: Stärkung der Loyalität der Kunden, z.B. durch bessere Ansprache.

	6	Marketingmaßnahmen unterstützen: Verringerung der Streubreite von Marketingmaßnahmen durch eine gezielte Ansprache passender Kundengruppen
	7	Marketingmaßnahmen optimieren: Steigerung der Effizienz von Marketingmaßnahmen bzw. Verringerung der Kosten für das Marketing
(optional) Rechts-grundlage für den Umgang mit personen-bezogenen Daten.	☒ Vertrag, vertragsähnliches Vertrauensverhältnis ☐ Erfüllung rechtlicher Verpflichtungen: ________________ ☐ Interessenabwägung ☐ Lebenswichtiges Interesse des Betroffenen: ________________ ☐ Einwilligung des Betroffenen (Nachweis!): ________________	

9.3 Betroffene Personen und personenbezogene Daten

Kategorien betroffener Personen-gruppen	☒ 1. Mitarbeiter ☒ 2. Endkunden ☒ 3. Ansprechpartner bei Geschäftspartnern ☒ 4. Ansprechpartner bei Lieferanten ☒ 5. Sonstige: *Interessenten und pot. Kunden*
(optional) Nachweis der Wahrung der Rechte der Betroffenen insbes. der Information über die DV	Rechte der Betroffenen sind gewahrt, da die Betroffenen über die Verarbeitung informiert sind und Auskunft jederzeit über die Ansprechpartner erlangen können: – Kontaktdaten werden beim Betroffenen erhoben (etwa mittels Visitenkarte oder durch Informationsabruf zu Produkten). – Vertragsdaten, Angaben zur Kaufhistorie und zum Kauf-verhalten werden im

	Rahmen der Vertragsabwicklung erhoben. – Aktionsdaten und Kontakthistorie erfolgen stets in An-sprache des Kunden; diese Daten sind den Kunden daher bekannt. Information über DV erfolgt wie folgt: ☒ Erhebung beim Betroffenen ☐ Betroffene werden über DV informiert ☐ Betroffene willigen nachweisbar in DV ein ☐ Sonstiges: ____________________

Kategorien pb Daten	Nr	Betr.	Datenkategorie
	1	1, 3, 4	Stammdaten zu Mitarbeitern in Unternehmen (Name, Geschlecht/Anrede, Organisationseinheit)
	2	1, 3, 4	Kontaktdaten zu Mitarbeitern in Unternehmen (Postanschrift, Telefonnummer, E-Mailadresse, Webadresse, Faxnummer)
	3	2	Stammdaten von Endkunden (Name, Geschlecht/Anrede)
	4	2	Kontaktdaten von Endkunden (Postanschrift, Telefonnummer, E-Mailadresse)
	5	2	Bankdaten von Endkunden (Bankverbindung, ggf. Kreditkartendaten)
	6	2, 3	Vertragsdaten/Reaktionsdaten (bestehende Verträge und Nebenabreden, Einwilligungserklärungen, Bestellungen von Newslettern, Widerruf und Abmeldungen)

	7	2, 3	Daten zum Kaufverhalten (u.a. Umsatz)
	8	2, 3	Kaufhistorie (Bestellungen, Umsätze)
	9	2, 3, 5	Kreditwürdigkeit und Zahlungsverhalten
	10	2, 3, 5	Potenzialdaten (Geschäftsaussichten, Umsatzziele, Interesse an weiteren Produkten)
	11	1, 2, 3, 4, 5	Aktionsdaten (Marketingansprache, Messekontakte, Mailingaktionen, Geschenke/Prämien, Sonderrabatte, Informationsschreiben, Preisausschreiben, Anzeigen und Sonderaktionen), interne Ansprechpersonen
	12	4, 5	Kontakthistorie (interne Ansprechpartner, An-schreiben, Reklamationen, Retouren, Feedback)

9.4 *Empfänger*

Zugriffsberechtigte Personen / Übermittlung in Drittländer

<u>Interne Zugriffe</u>: Kategorien zugriffsberechtigter Personen innerhalb der vS	Zugriffsberechtigte OrgEinheiten	Zweck	Betr. Datenkat.
	Vertrieb: Vollzugriff (lesend, schreibend, ändernd)	Aufgaben-erfüllung Vertrieb	alle
	Controlling: Vollzugriff	Controlling	alle

	Marketing: lesend, nur auf Aktionsdaten schreibend	Marketing-aktionen verfolgen	alle
	Geschäftsführung: lesend	Controlling, Mitarbeiter-führung	alle
Externe Zugriffe: Kategorien zugriffsber. Personen außerhalb der vS.	Zugriffsberechtigte Unternehmen	Zweck	Datenkat.
	entfällt		
Datenüber mittlung ins (EU-) Ausland	Staaten / Datenkategorien (Nein, falls nicht) *Nein*		
Über-mittlung in Drittländer	Staaten / Vertragliche Regelungen, Garantien (Nein, falls nicht) *Nein*		

9.5 Löschfristen

Regelfristen für die Sperrung und Löschung der Daten.	*<Hier realistisch umsetzbare Fristen setzen, z.B. Sperren der Daten nach 1 Jahr ohne Ansprache / Reaktion des Kunden; Löschen der Daten nach spätestens 2 Jahren* *Achtung: Widerspruchs- und Gewährleistungsfristen beachten, falls kein separates Archivsystem besteht!* *Optimal ist Vertragsarchivierung im separaten System / als separates Verfahren dokumentieren!>*

Darlegung, wie Sperrung/Löschung faktisch gewährleistet (Sperr-/Lösch-system) und Wirksamkeit kontrolliert wird (Sperr-/Lösch-protokoll).	*Beispiel: Die Leitung des Vertriebs löscht jährlich, spätestens zum 1.3. des Folgejahres) alle Kundenstammdaten und Kundenkontaktdaten, die seit mindestens einem Jahr gesperrt und in dieser Zeit nicht reaktiviert wurden.* *Die Leitung des Vertriebs sperrt jährlich, spätestens jedoch zum 1.3. des Folgejahres, alle Daten von Kunden, die seit mindestens 1 Jahr lang nicht angesprochen wurden, bzw. sich nicht gemeldet haben.*

9.6 Erweiterte Schutzbedarfsfeststellung

Datenkategorie	SBF: A-E (+Pkte)	Faktoren: C	I	A	Pkte
1. Stammdaten zu Mitarbeitern	B 2 Pkte	-	-	-	2
2. Kontaktdaten zu Mitarbeitern	B 2 Pkte	-	-	-	2
[usw.]					
5. Bankdaten	C 4 Pkte	2	2	1	16
6. Vertragsdaten/ Reaktionsdaten	C 4 Pkte	1	1	1	
7. Daten zum Kaufverhalten	C 4 Pkte	1	2	1	8
8. Kaufhistorie	C 4 Pkte	1	2	2	16
9. Kreditwürdigkeit und Zahlungsverhalten	D 8 Pkte	2	1	2	32
[usw.]					

9.7 Detaillierte Risikoanalyse

Die folgende Tabelle enthält einige Vorschläge für mögliche konkrete Schadens-szenarien und risikomindernde Maßnahmen. Die entsprechenden Risiken müssen konkret für die jeweilige verantwortliche Stelle identifiziert und abgeschätzt werden.

Dabei hängen die Risiken wesentlich von den umgesetzten Schutzmaßnahmen ab. Daher ist im Folgenden auch keine Abschätzung der mit den Szenarien verbundenen Risiken angegeben.

Schadensszenario	Betr. Datenkat.	Vorhandene Schutzmaßnahmen
Sz1: Verlust der Daten durch Ausfall der Festplatte, Einspielen der letzten Datensicherung innerhalb von 24 Stunden erfolgreich, Aktualisieren der wiedereingespielten mit Stand vom letzten Backup (max. 7 Tage).	alle	Wöchentliche Vollsicherung, tägliche differentielle Datensicherung
Eintritt von Sz2, verbunden mit dem Ausfall der Datensicherung, kein Wiedereinspielen der gesicherten Daten möglich. Neuanlage aller Kundendaten erforderlich.	alle	Turnusmäßige Überprüfung der Datensicherung auf Vollständigkeit und Funktionsfähigkeit
Sz3: Datendiebstahl durch internes Personal, etwa bei	alle	Jährliche Erneuerung der Verpflichtungserklärung auf das Datengeheimnis

Schadensszenario	Betr. Datenkat.	Vorhandene Schutzmaßnahmen
Kündigungen von Vertriebspersonal.		für Mitarbeiter des Vertriebs und der IT-Administration. Sperrung des Zugriffs direkt nach der Kündigung. Protokollierung von Zugriffen, turnusmäßiges Review der Zugriffsberechtigungen und Auswertung der Zugriffsprotokolle,. automatisches Alarmieren / Sperren bei mehr als x Zugriffen in einem Zeitintervall
Sz4: Höhere Gewalt: Streiks verhindern Zutritt zum Haus für mehrere Tage	alle	Sichere Fernwartungs-zugänge einrichten Absicherung des Remote Zugriffs mittels Verschlüsselung und starker, 2-Faktor-Authentisierung (z.B. One-Time-Password Token oder USB-Token)
Sz5: Kompromittierung der internen IT-Systeme aus dem Internet (Hackerangriff)	alle	Durchführung von Penetrationstests Einsatz von Intrusion Detection Techniken Absicherung des Remote Zugriffs mittels Verschlüsselung und starker, 2-Faktor-Authentisierung

9.8 Verfahrensspezifische Schutzmaßnahmen

Technische Beschreibung des Verfahrens
• Arbeitsplatzrechner mit Client-Programm der Version 1.51 aufwärts, alternativ Zugriff per Webbrowser. • CRM-Applikationsserver der Firma AB (fiktiv!), Release mind. 2.1.345 mit integriertem Webserver für den Zugriff per Webbrowser. Hardware: Server der Fa. CD mit Betriebssystem XY. • Datenbankserver der Firma EF , Release 11.8 aufwärts. Hardware: Server der Fa. EF mit Betriebssystem YZ. • usw.

Anmerkung: In der oben aufgeführten Beschreibung der Systemarchitektur wurden Details zu den Releasestädnen aufgenommen, da dies von einigen Aufsichtsbehörden der Bundesländer verlangt wird. Um jedoch den Pflegeaufwand zu verringern, wurde auf absolute Angaben bewusst verzichtet. Die Aufgabe der IT-Inventarisierung liegt beim IT-Betrieb und nicht bei den Datenschutzbeauftragten!

Die folgende Aufstellung fasst die in der detaillierten Risikoanalyse erfassten wesentlichen risikomindernden Schutzmaßnahmen zusammen und ordnet diese in das Klassifikationsschema der Anlage A (Zertifizierungsschema) der Norm ISO 27001. Genauere Angaben finden sich in [ISO 27001, Appendix A].

Hinweis: Da einige der aufgeführten Maßnahmen üblicherweise verfahrensübergreifend umgesetzt werden, sind diese - bei mehrfachem Auftreten in unterschiedlichen Verfahren – in die verfahrensübergreifende Übersicht zu übertragen, vgl. Abschnitt 9.9.

Anmerkung: Langfristig erscheint eine Einordnung nach der ISO-Norm sinnvoller als die Verwendung der Kontrollen nach deutschem datenschutzrecht. Alternativ kann auch Bezug genommen werden auf den IT-Grundschutzkatalog des Bundesamts für Sicherheit in der Informationstechnik [BSI-GSK]. Eine detaillierte Zuordnungstabelle ist auf der Website des Bundesamts für Sicherheit in der Informationstechnik abrufbar.

Kategorie	Maßnahmen
A.7 Human resource security	Jährliche Erneuerung der Verpflichtungserklärung auf das Datengeheimnis für Mitarbeiter des Vertriebs und der IT-Administration A.7.2.2 ISO 27001). Sperrung des Zugriffs direkt nach der Kündigung (A.7.3.1 ISO27001).
A.9 Access control	Protokollierung aller wesentlichen Zugriffe und automatisierte Auswertung der Zugriffsprotokolle (A.12.4.1 ISO 27001). Turnusmäßiges Review der Zugriffsberechtigungen (A.9.2.2 und A.9.2.5 ISO 27001). Schutz der Protokolldaten (A.12.4.2 ISO 27001). Automatisches Alarmieren / Sperren bei mehr als x Zugriffen in einem Zeitintervall (A.16.1.5 ISO 27001). Sichere Fernwartungs-zugänge einrichten (A.9.4 ISO 27001) mittels Verschlüsselung (A.10 ISO 27001) und starker, 2-Faktor-Authentisierung, z.B. One-Time-Password Token oder USB-Token (A.9.3.1 ISO 27001).
A.12.3 Backup	Wöchentliche Vollsicherung, tägliche differentielle Datensicherung, turnusmäßige Überprüfung der Datensicherung auf Vollständigkeit und Funktionsfähigkeit (A.12.3.1 ISO 27001)
A.12.6 Technical vulnerability management	Durchführung von Penetrationstests (A.12.6.1 ISO 27001), Einsatz von Intrusion Detection Techniken (A.13.1 ISO 27001)

9.9 Verfahrensübergreifende Schutzmaßnahmen

<Es ist prinzipiell möglich, die Dokumentation aus bestehenden Verfahrensverzeichnissen und IT-Sicherheitskonzepten zu übernehmen, bzw. darauf zu verweisen. Hier ein Beispiel gemäß § 9 BDSG und Anlage zu § 9 BDSG.>

Hinweis: In der folgenden Tabelle sind keine konkreten technisch-organisatorischen Maßnahmen aufgeführt. Statt dessen sind passende Informationsquellen angegeben. Zu dokumentieren sind die vorhandenen Schutzmaßnahmen in einem Umfang, der ein angemessenes Schutzniveau als plausibel darstellt.

Technisch-organisatorische Schutzmaßnahmen	
Zutritts kontrolle	<Da die Server üblicherweise in Serverräumen aufgestellt sind, ist hier ein Verweis auf ein übergreifendes Verfahrensverzeichnis „Serverraum“ oder „Rechenzentrum“ möglich und sinnvoll. Dies vermeidet Redundanzen in den einzelnen Einträgen des Verfahrensverzeichnisses.> Für den Schutz der Arbeitsplatzrechner sind die Zutrittskontrollen in Büroräumen zu dokumentieren. Insbesondere organisatorische Regelungen zum Sperren der Computer und Abschließen der Bürotüren bei Abwesenheit sowie zu Regelungen zur Büroreinigung. Quellen für Prüfansätze und Checklisten: IT-Grundschutzkataloge des BSI Deutschland (www.bsi.de/gshb): Einstieg bei Maßnahmenkatalog M 1 Infrastruktur); Checkliste Zutrittskontrolle; Buch Prozessorientierte Datenschutzpraxis: Abschnitte 3/3 Zutrittskontrolle und 11/2.2.5 Rechenzentrumssicherheit.

Zugangs kontrolle	<Hier sollte das Benutzermanagement (Identity Management) beschrieben werden, insbesondere die Einrichtung von Benutzeraccounts und die Vergabe von Passworten. Wichtig auch: Der Einsatz von technischen/funktionalen Accounts, etwa beim Zugang des CRM-Systems auf die Datenbank. Können diese Accounts missbraucht werden, wem sind die Kennungen bekannt?> Weiterhin relevant: Der Schutz vor unberechtigtem Zugang aus dem Internet, d.h. Firewalls, Malwareschutz, ggf. Intrusion Detection Systeme.> Hinweis: Falls es zu dem eingesetzten CRM-System ein Sicherheitskonzept gibt, so kann hierauf verwiesen werden. Falls ein systemübergreifendes Benutzermanagement besteht, lohnt sich ein übergreifender Eintrag im Verfahrensverzeichnis! Quellen für Prüfansätze und Checklisten: IT-Grundschutzkataloge, insbesondere Baustein B 3.301 Sicherheitsgateway/Firewall und Maßnahme M 4.3 Einsatz von Viren-Schutzprogrammen, Checkliste Zugangskontrolle, Buch Prozessorientierte Datenschutzpraxis: Abschnitte 3/4 Zugangskontrolle sowie 11/2.2.3 Netzwerksicherheit und 11/2.2.8 Datenbanksicherheit.
Zugriffs kontrolle	<Hier sollte das systemspezifische Rollen- und Berechtigungskonzept grob erläutert werden: Welche Rollen gibt es, besteht eine Trennung zwischen System- und Anwendungsadministration usw. Falls es zu dem eingesetzten CRM-System ein Sicherheitskonzept gibt, so muss hierauf verwiesen werden. > <Weiterhin relevant: Der Schutz vor Zugriffen aus dem Internet, d.h. Firewalls, Malwareschutz, ggf. Intrusion Detection Systeme.>

	Quellen für Prüfansätze und Checklisten: IT-Grundschutzkataloge, insbesondere Maßnahmenkatalog M2 Organisation, Checkliste Zugriffskontrolle
Weitergabe-kontrolle	<Hier sollten alle Übertragungswege betrachtet werden. Wichtig: Einsatz von Verschlüsselung, z.B. zwischen Client und Webserver (meist https, d.h. SSL/TLS), aber auch zwischen den Servern!> Quellen für Prüfansätze und Checklisten: IT-Grundschutzkataloge, insbesondere Maßnahme M 5.68 Einsatz von Verschlüsselungsverfahren zur Netzkommunikation; Checkliste Weitergabekontrolle
Eingabe-kontrolle	<Die Eingabekontrolle erfolgt üblicherweise systemspezifisch und betrifft weitgehend die revisionssichere, d.h. im Streitfall beweisbare, Protokollierung der Zugriffe und Transaktionen im Verfahren.> Quellen für Prüfansätze und Checklisten: IT-Grundschutzkataloge, insbesondere Maßnahme M 5.68 Einsatz von Verschlüsselungsverfahren zur Netzkommunikation; Checkliste Eingabekontrolle
Auftrags-kontrolle	<Nur relevant, falls der IT-Betrieb nicht unter eigener Hoheit erfolgt, d.h. im Falle des IT-Outsourcings. Achtung: Es besteht kein Konzernprivileg, d.h. eine Konzernschwester „Business Systems“ gilt ebenfalls als IT-Dienstleister!> Quellen für Prüfansätze und Checklisten: Bundesdatenschutzgesetz: Detaillierte Anforderungen im § 11 BDSG (Auftragsdaten-verarbeitung); IT-Grundschutzkataloge, insbesondere Baustein B 1.11 Outsourcing; Checkliste Auftragskontrolle

Verfügbar-keits-kontrolle	<Die Maßnahmen zur Verfügbarkeitskontrolle sind vielschichtig. Es lohnt sich, systemübergreifende Maßnahmen im Verfahrensverzeichnis-Eintrag „Serverraum" oder „Rechenzentrum" gesammelt zu dokumentieren. Besondere Bedeutung haben die Aspekte Infrastrukturelle Sicherheit (Rechenzentrum), Identity Management, IT-Systemsicherheit, Netzwerksegmentierung (Firewalls) usw. Quellen für Prüfansätze und Checklisten: IT-Grundschutzkataloge, insbesondere Bausteine Infrastruktur, IT-Systeme, Netzwerke. Checkliste Verfügbarkeitskontrolle, [EhmannSchonschek]: Abschnitte 3/9 Verfügbarkeitskontrolle sowie 11/2.2.5 Rechenzentrumssicherheit und 11/2.2.6 Notfallkonzept.
Trennungs-gebot	<Grundlage für das trennungsgebot ist der Dokumentierte Einsatzzweck des Verfahrens. Daten, die zu unterschiedlichen Zwecken erhoben wurden, sind (zumindest logisch) voneinander getrennt zu speichern. Hier ist insbesondere auf ein ausreichend fein granulares Rollen- und Berechtigungskonzept zu achten. Beim Einsatz von Datenbanken ist das Datenbankmodell (Tabellen und Instanzen) zu prüfen. Vorsicht bei Datensicherung und Archivierung!>

10 Verzeichnisse und Referenzen

10.1 Abbildungsverzeichnis

10.2 Tabellen

10.3 Literaturangaben und Onlinequellen

[Albrecht 2013] Alles Wichtige zur Datenschutzreform: Informationen nach der Einigung zwischen EU-Parlament, Ministerrat und Kommission, erstellt am 23.10.2013, aktualisiert am 17. Dezember 2015. Web, 27.12.2015, URL https://www.janalbrecht.eu/themen/datenschutz-und-netz-politik/alles-wichtige-zur-datenschutzreform.html

[Albrecht 2014] Finger weg von unseren Daten! Wie wir entmündigt und ausgenommen werden. Knaur, 2014. ISBN 978-3-426-78687-1

[Albrecht 2015] Die Datenschutzreform der Europäischen Union, Jan Philipp Albrecht (Hrsg.), Web, 27.12.2015, URL https://www.janalbrecht.eu/fileadmin/material/Dokumente/20150403-JPA-Datenschutzreform-09-web.pdf

[Bitkom 2007] Verfahrensverzeichnis und Verarbeitungsübersicht nach BDSG - Ein Praxisleitfaden, Version 2.0, Bundesverband Informationswirtschaft, Telekommunikation, und neue Medien e.V. (BITKOM), 2007. Web, URL http://www.bsafb.de/fileadmin/downloads/BITKOM/BITKOM_Verfahrensverzeichnis_V_2.0.pdf

[BMWi 2015-03] Monatsbericht März 2015, Bundesministerium für Wirtschaft und Energie, Web, 11.01.2016, URL www.bmwi.de/DE/Mediathek/monatsbericht,did=692064.html

[BSI 100-1] BSI Standard 100-1: BSI-Standard 100-1: Managementsysteme für Informationssicherheit (ISMS), Bundesamt für Sicherheit in der Informationstechnik (BSI). Version 1.5, 2008. Web 29.12.2015, URL https://www.bsi.bund.de/SharedDocs/Downloads/DE/BSI/-Publikationen/ITGrundschutzstandards/BSI-Standard_1001.pdf

[BSI 100-2] BSI Standard 100-2: BSI-Standard 100-2 IT-Grundschutz-Vorgehensweise, Bundesamt für Sicherheit in der Informationstechnik (BSI). Version 2.0, 2008. Web 29.12.2015, URL https://www.bsi.bund.de/SharedDocs/Downloads/DE/BSI/Publikationen/ITGrundschutzstandards/BSI-Standard_1002.pdf

[BSI 100-3] BSI Standard 100-3, Bundesamt für Sicherheit in der Informationstechnik (BSI). Version 2.5, 2008. Web 29.12.2015, URL https://www.bsi.bund.de/SharedDocs/Downloads/DE/BSI/Publikationen/ITGrundschutzstandards/standard_1003_pdf.pdf

[BSI 100-3erw] Ergänzung zum BSI-Standard 100-3: Verwendung der elementaren Gefährdungen aus den IT-Grundschutz-Katalogen zur Durchführung von Risikoanalysen. Bundesamt für Sicherheit in der Informationstechnik (BSI). Version 2.5, 2011. Web 29.12.2015, URL https://www.bsi.bund.de/SharedDocs/Downloads/DE/BSI/Publikationen/ITGrundschutzstandards/BSI-Standard_1003 _ergaenzung.pdf

[BSI-GSK] IT-Grundschutz-Kataloge, Bundesamt für Sicherheit in der Informationstechnik, Web, 10.01.2016, URL https:/www.bsi.bund.de/gshb

[Cavoukian 2010] Privacy-by-Design: Take the Challenge. Ann Cavoukian, Web, 2010, URL http://www.privacybydesign.ca/content/uploads/2010/03/PrivacybyDesignBook.pdf

[Cavoukian 2009] Privacy-by-Design: Die 7 Grundprinzipien. Ann Cavoukian. Web, 2009, URL http://www.privacybydesign.ca/content/uploads/2009/08/7foundationalprinciples-german.pdf

[Dammann/Simitis 1997] EG-Datenschutzrichtlinie, Kommentar. Ulrich Damann und Spiros Simitis, Nomos 1997, ISBN 978-3789045172.

[Datenschutzvorfälle] Datenschutzvorfälle in der Übersicht. Gesellschaft für strategische Kommunikation mbH. http://www.projekt-datenschutz.de/datenschutzvorfaelle

[EhmannSchonschek] Prozessorientierte Datenschutzpraxis, Eugen Ehmann, Oliver Schonschek. 2. überarbeitete Auflage 2011. Weka Media GmbH. ISBN 978-3-8245-9071-1

[EU-DSGVO 2015] Proposal for a Regulation of the European Parliament and of the Council on the protection of individuals with regard to the processing of personal data and on the free move Web 15.12.2015, URL http://statewatch.org/news/2015/dec/eu-council-dp-reg-draft-final-compromise-15039-15.pdf

[EU-DSGVO] EU-Datenschutzgrundverordnung, in deutscher Sprache, kommentiert durch die Bundesbeauftragte für den Datenschutz und die Informationsfreiheit. Web 02.05.2016, URL http://www.bfdi.bund.de/SharedDocs/Publikationen/Infobroschueren/INFO6.pdf

[Hessen2009] Website des Ministeriums für Inneres und Sport, Hessen, Web, 16.9.2009, URL https://web.archive.org/web/20090616212047/http://www.hessen.de/irj/HMdI_Internet?cid=6f321fe2e5aca033c1f7bfe5890df8f0

[Impact 2013] The Impact of the Data Protection Regulation in the E.U., L. Christensen, A. Colciago, F. Etro, and G. Rafert, 13/02/2013. URL http://www.intertic.org/Policy%20Papers/CCER.pdf

[ISO 27001] ISO/IEC 27001 - Information security management, International Organization for Standardization, www.iso.org. http://www.iso.org/iso/home/standards/management-standards/iso27001.htm

[Kasanoff 2001] Making it Personal: How to Profit from Personalization Without Invading Privacy. Bruce Kasanoff. Perseus Publishing, 2001, S. 65ff. ISBN: 0738205362

[KennyBorking 2002] The Value of Privacy Engineering. Steve Kenny, John Borking. The Journal of Information, Law and Technology (JILT), 2002. http://www2.warwick.ac.uk/fac/soc/law/elj/jilt/2002_1/kenny/

[Kramer 2016] Philipp Kramer, Blog, Newsletter und persönliche Kommunikation. Kontaktaufnahme möglich via kramer@kramer-legal.de und https://plus.google.com/111444774041604427690.

[LanwehrSchäffter 2014] Risikomanagement. Torsten Lanwehr und Markus Schäffter. In: Praxishandbuch Datenschutz, erstellt 2014, Loseblattsammlung, WEKA Media.

[LfD-NDS 2010] Schutzstufenkonzept des LfD Niedersachsen, Oktober 2010. Web, 10.05.2015, URL http://www.lfd.niedersachsen.de/download/52033

[MartinPlataniotis 2008] Privacy Protected Surveillance Using Secure Visual Object Coding. Karl Martin, Konstantinos N. Plataniotis. IEEE Transactions on Circuits and Systems for Video Technology, June 2008, Volume 18 (8), P. 1152-1162.

[OECD Guidelines] OECD Guidelines Governing the Protection of Privacy and Transborder Flows of Personal Data. 11 July 2013. http://www.oecd.org/sti/ieconomy/2013-oecd-privacy-guidelines.pdf

[OECD Kurzfassung] Kurzfassung OECD-Richtlinien über Datenschutz und grenzüberschreitende Ströme personenbezogener Daten, Organisation für wirtschaftliche Zusammenarbeit und Entwicklung (OECD), 2003. http://www.oecd.org/sti/ieconomy/15589558.pdf

[OECD Prinzipien] OECD Privacy Principles. http://oecdprivacy.org/

[OH_Video] Orientierungshilfe „Videoüberwachung durch nicht-öffentliche Stellen", Landesbeauftragter für den Datenschutz Baden-Württemberg, Version 1.1 vom 19.02.2014. http://www.baden-wuerttemberg.datenschutz.de/wp-content/uploads/2014/03/OH-V%C3%9C-durch-nicht-%C3%B6ffentliche-Stellen.pdf

[OWASP-T10] OWASP Top Ten Project. Web, retrieved 26.10.2015, URL https://www.owasp.org/index.php/Category:OWASP_Top_Ten_Project.

[Projekt-DS] Chronologische Dokumentation bekannt gewordener Datenschutzvorfälle, Projekt Datenschutz. http://www.projekt-datenschutz.de/datenschutzvorfaelle

[PWC 2010] Daten schützen: Stand des Datenschutzes in deutschen Großunternehmen 2010, Price Waterhouse Coopers, 2010. Web, 28.12.2015, URL https://www.pwc.de/de/compliance/assets/studie-daten-schuetzen.pdf

[Schäffter 2014] Privacy-by-Design. Markus Schäffter. In: IT-Know How für Datenschutzbeauftragte, Kapitel 10/2.10, erstellt 2014, Loseblattsammlung, WEKA Media

[Schäffter 2015a] A simplified Approach to Information Security Risk Management, Markus Schäffter, May 2015. Contact via www-hs-ulm.de/schaeffter/

[Schäffter 2015b] The EU General Data Protection Regulation – a Game Changer in Data Protection Management? Contact via www-hs-ulm.de/schaeffter

[Taleb 2007] The Black Swan: The Impact of the Highly Improbable. Nassim Nicholas Taleb. Random House, 2007, ISBN-13: 978-0812973815.

[Taleb 2014] Antifragile: Things that Gain from Disorder. Nassim Nicholas Taleb, Penguin 2013. ISBN-13: 978-0141038223.

[Tomkoetal 2010] SmartData: Make the data "think" for itself: Data protection for the 21st century. In: Identity in the Information Society. By George J. Tomko, Donald S. Borrett, Hon C. Kwan, Greg Steffan. Springer, 2010. URL http://www.ipsi.utoronto.ca/docs/ SmartData_Tomko_2010.pdf

Nachbemerkung und Einladung zur Kommentierung

Das neue EU-Datenschutzrecht wird sich erst im Laufe der kommenden Monate und Jahre etablieren. gerade in Deutschland warten wir Datenschutzbeauftragte mit Spannung auf die Anpassung der Bundes- und Datenschutzgesetze an die neuen Datenschutzanforderungen in der Europäischen Union.

Insofern ist das Verfahrensverzeichnis 2.0 keine statische Lösung, sondern stellt ein Rahmenwerk dar, welches an die spezifischen Belange der jeweiligen verantwortlichen Stelle angepasst werden muss, basierend auf der Komplexität der Datenverarbeitung vor Ort.

Sie als Leser sind herzlichst eingeladen, dieses Rahmenwerk in Ihrem jeweiligen Arbeitsbereich aktiv auszugestalten, an die jeweiligen Bedürfnisse anzupassen und bei Bedarf zu verbessern.

Treten Sie gerne mit dem Autor in Kontakt; kritische Anmerkungen und konstruktive Verbesserungsvorschlägen sind hochwillkommen! Lassen Sie uns alle gemeinsam an der Ausprägung der neuen Generation des Verfahrensverzeichnisses arbeiten!

Markus Schäffter

Web: www.hs-ulm.de/schaeffter

Mail: schaeffter@hs-ulm.de

18879020R00093

Printed in Poland
by Amazon Fulfillment
Poland Sp. z o.o., Wrocław